FACULTÉ DE DROIT DE L'UNIVERSITÉ DE PARIS

DE

LA REPRÉSENTATION DU MINEUR

PAR SON TUTEUR

THÈSE POUR LE DOCTORAT

L'ACTE PUBLIC SUR LES MATIÈRES CI-DESSUS

Sera présenté et soutenu le Jeudi 3 Mai 1900, à 8 heures 1/2.

PAR

MARC JUSTER

Président : M. WEISS, *professeur.*
Suffragants { MM. MASSIGLI, *professeur.*
COLIN, *professeur.*

PARIS

V. GIARD & E. BRIÈRE

LIBRAIRES-ÉDITEURS

16, rue Soufflot, 16

1900

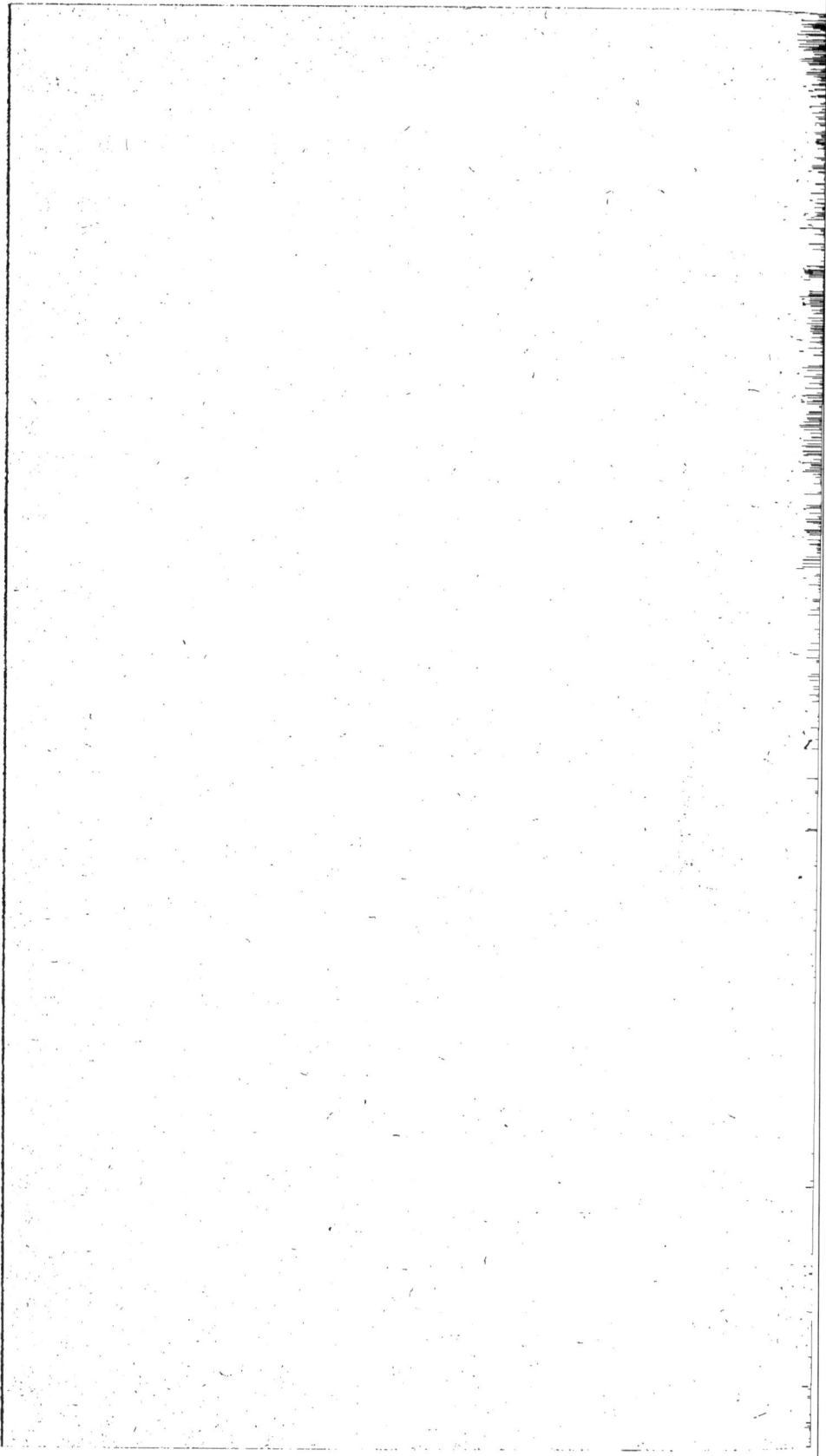

THÈSE

POUR

LE DOCTORAT

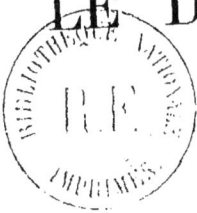

8ᵉF

12505

FACULTÉ DE DROIT DE L'UNIVERSITÉ DE PARIS

DE

LA REPRÉSENTATION DU MINEUR PAR SON TUTEUR

THÈSE POUR LE DOCTORAT

L'ACTE PUBLIC SUR LES MATIÈRES CI-DESSUS

Sera présenté et soutenu le Jeudi 3 Mai 1900, à 8 heures 1/2.

PAR

MARC JUSTER

Président :   M. WEISS, *professeur.*

Suffragants { MM. MASSIGLI, *professeur.*
COLIN, *professeur.*

PARIS

V. GIARD & E. BRIÈRE

LIBRAIRES-ÉDITEURS

16, rue Soufflot, 16

—

1900

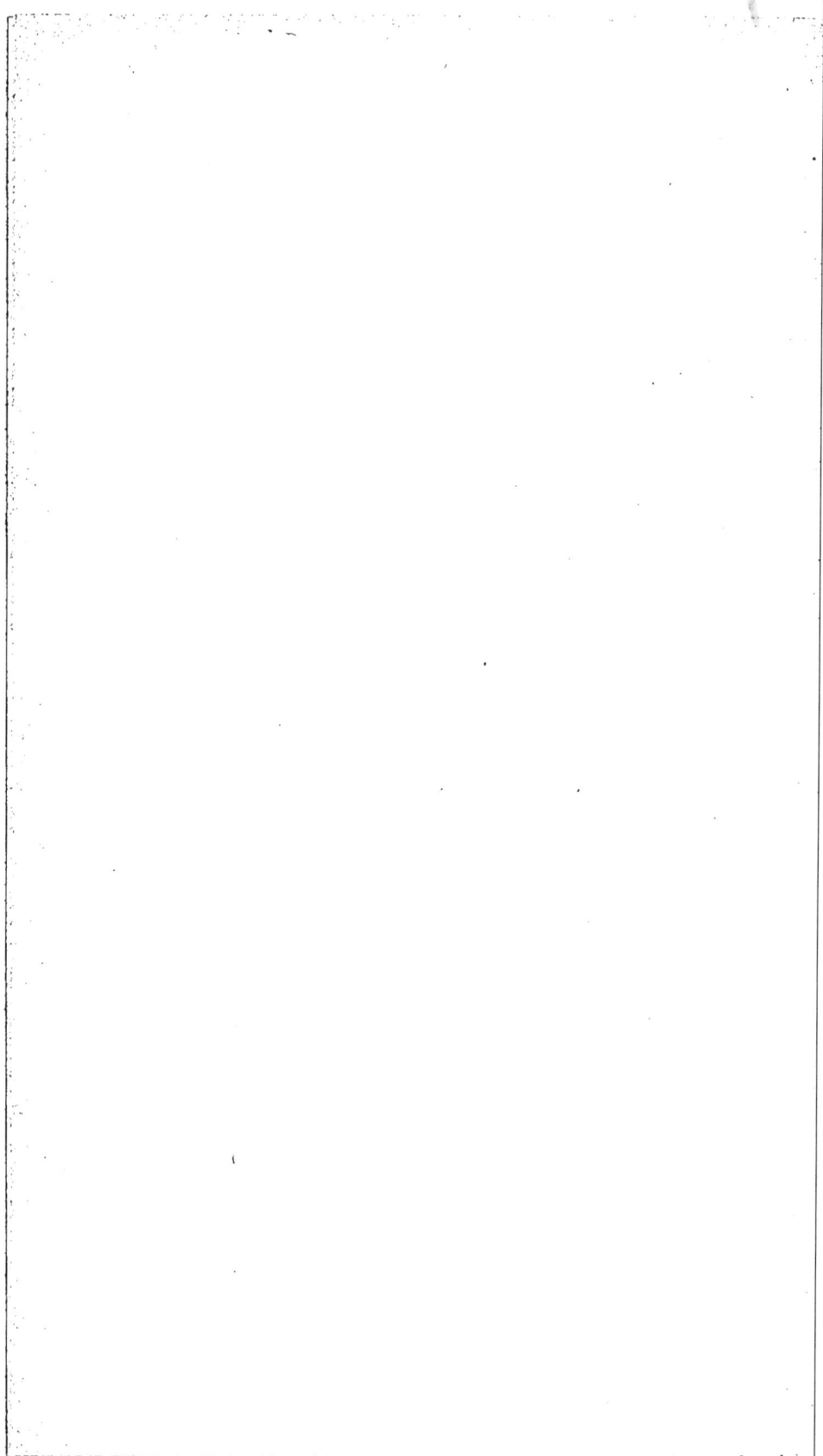

DE LA REPRÉSENTATION DU MINEUR

PAR SON TUTEUR

INTRODUCTION

En principe c'est en la personne de celui qui
accomplit un acte juridique que se produisent les
effets actifs ou passifs de cet acte ; cela n'a rien
que de naturel, puisque celui qui accomplit
l'acte juridique agit ordinairement pour son
compte propre et personnel. Mais il peut arriver
que l'acte juridique soit passé pour le compte d'autrui ; en ce cas le droit moderne dispose que c'est
en la personne de celui pour le compte de qui l'acte
juridique a été accompli que se produisent les

Marc Juster   1

effets actifs ou passifs de cet acte. On dit alors qu'il y a représentation juridique. L'effet de la représentation juridique consiste donc en ce que le représenté, bien que ne participant pas matériellement à l'acte juridique est néanmoins censé y avoir été partie agissante, de sorte que les conséquences de l'acte accompli se produisent directement en sa personne ; tandis qu'à l'inverse le représentant, bien qu'ayant participé à l'acte, y demeure juridiquement étranger.

La règle de la représentation est consacrée, en droit civil français, dans plusieurs dispositions du Code civil, principalement par l'art. 1984, C. civ. qui vise le mandat conventionnel, et spécialement par l'art. 450, C. civ. qui concerne le plus important des mandataires légaux, le tuteur.

La représentation est une fiction qui présente de si incontestables avantages que l'on pourrait s'imaginer que toutes les législations lui ont fait une place dans leur système juridique. Le contraire est cependant seul conforme à la réalité. Le droit romain, pour ne citer que lui, n'a jamais admis la représentation, même dans son dernier état. On a quelquefois cru trouver l'explication de ce phénomène dans le formalisme auquel étaient assujettis les actes juridiques romains. Cette opinion est au-

jourd'hui presque universellement abandonnée ;
elle se heurte en effet à l'objection que le principe
exclusif de représentation a survécu au formalisme
alors qu'il aurait dû s'évanouir avec lui. La vérité
est que la non-représentation a son origine dans
le caractère intimement personnel de l'acte juridique, dans ce fait qu'il était naturel que des peuples
grossiers eussent des conceptions juridiques con-
formes à la réalité des choses, à savoir que les parties agissantes doivent seules se trouver engagées
et non, par une fiction savante, être considérées
comme étrangères à l'acte qu'elles venaient d'accomplir.

La non-représentation aboutissait en droit
romain à des conséquences fâcheuses puisque le
mandataire, conventionnel ou légal, devenait
alors seul créancier ou débiteur, sauf plus tard
règlement de compte, procédé compliqué qui
exposait les intéressés à leur insolvabilité réci-
proque.

Les inconvénients d'un pareil principe se fai-
saient particulièrement sentir en matière de tutelle,
car le tuteur, à la différence du mandataire conventionnel, subissait malgré lui une charge onéreuse. Il est vrai que le tuteur pouvait « *auctoritatem interponere* » au lieu de « *negotia gerere* »,

ce qui ménageait davantage ses intérêts ; mais le choix entre ces deux modes d'administration n'était pas toujours possible ; or, si le tuteur devait recourir à la « *negotiorum gestio* », n'était-il pas à craindre qu'il ne montrât, dans son administration, une circonspection nuisible aux intérêts du pupille ? La législation romaine le comprit et apporta à l'antique règle de la non-représentation des tempéraments qui lui enlevèrent presque tous ses inconvénients, tempéraments qui revêtirent d'ailleurs un caractère plus profond en matière de tutelle que de mandat conventionnel, ce qui s'explique par la différence des situations.

A la fin du second siècle et au commencement du troisième la jurisprudence décida que les actes passés par un tuteur ouvriraient, au profit des tiers, une « *actio quasi institoria* », et que ces tiers pourraient poursuivre l'ex-incapable à l'expiration de la tutelle. On admit d'autre part que les tuteurs pourraient repousser, au moyen d'une exception, les actions qui seraient dirigées contre eux à raison de leur administration. Enfin, envisageant le côté actif, il fut décidé qu'après la cessation de la tutelle les créances acquises par les tuteurs seraient paralysées à l'aide d'une exception et transportées, sous forme d'actions utiles, sur la tête de l'ex-incapable (1).

En droit germanique une même institution s'étendait aux mineurs et aux femmes : le *mundium* ou *mainbournie*. Le mundium constituait un devoir qui incombait à celui qui en était investi de défendre celui qui y était assujetti et il subsistait jusqu'à ce que celui-ci fut en état de se défendre personnellement. Le mundium avait donc une portée plus générale chez les barbares que ce qu'on a appelé plus tard la tutelle. Des textes fort clair-semés qui nous sont parvenus sur cette institution nous ne trouvons que quelques dispositions que l'on puisse rattacher à la matière que nous étudions. Nous voyons d'abord que le tuteur devait représenter le mineur en justice ; en second lieu, le tuteur devait consentir au mariage de la fille et accuser réception du *pretium nuptiale* ; enfin, quant aux droits relatifs au patrimoine, les sources se contentent de dire que le tuteur pouvait administrer la fortune du pupille mais non l'aliéner.

Au moyen-âge nous trouvons ce qu'on appelait le *bail*. Pendant la [première période de la féoda‐

1. D. 4. 1. *De evict.* 21, 2 ; 26, 9, *Quando ex facto tutoris*, 2 ; 5. C. 5,39 *Quando ex facto tutoris*, 1 ; 4.

lité ce bail était seigneurial, c'est-à-dire que toutes
les fois qu'un fief venait à échoir à un mineur, la
possession et la jouissance de ce fief étaient reti-
rées au mineur pour revenir entre les mains du
seigneur suzerain qui exerçait ces droits lui-
même ou les cédait à un autre, mais avec la charge
de prendre soin de la personne du mineur. Ce
bail fut ensuite accordé aux parents du mineur :
au survivant des père et mère en cas de prédécès
de l'un d'eux ; au plus proche parent mâle en cas
de décès des père et mère, et choisi suivant les
règles ordinaires de la succession.

Le *baillistre* ou *gardien*, ainsi qu'on nommait
alors le tuteur, était considéré comme étant le véritable vassal à la place du mineur ; il devait foi et
hommage au suzerain. Le baillistre avait en
revanche la jouissance et la libre disposition du
fief, il pouvait en tirer tous les profits sous condition de n'en pas faire un mauvais emploi et de ne
pas le détériorer ; il pouvait même grever le fief de
dettes et charges, l'aliéner, mais seulement pour
la durée de sa possession. Enfin le baillistre avait,
dans la plus grande partie de la France, le droit de
faire siens tous les meubles du mineur dont le
testateur n'aurait pas disposé par acte de dernière
volonté ; mais, comme contre partie de ce droit, il

était obligé d'acquitter toutes les dettes du mineur, c'est ce qu'exprimait le vieil adage : « *Qui bail prend, quitte le rend* » (1). C'est le baillistre également qui représentait le mineur en justice et qui administrait sa fortune ; il devait même, d'après les « Assises de Jerusalem », au cas où il ne s'appropriait pas le mobilier, vendre les meubles difficiles à conserver, et faire dresser pour les autres un inventaire. Si parmi les biens du mineur se trouvaient des « héritages vilains », le baillistre avait la « garde » de ces biens, c'est-à-dire une administration avec charge d'en rendre compte.

Si nous envisageons les derniers temps de la féodalité, nous remarquons que ces principes du vieux droit français ne se sont conservés dans leur pureté initiale que dans une partie relativement restreinte de la France. En effet, le bail ne subsista que dans quelques coutumes; partout ailleurs il devint un privilège de la noblesse. Le fief d'ailleurs allait devenir patrimonial et, avec la disparition des services féodaux, le bail ne devait plus avoir aucun sens. L'idée d'une simple administration des biens féodaux se fit jour ; ce fut

---

1. Loysel, *Institutes coutumières* 1, 4, 11.

un tuteur qui fut nommé pour administrer le fief, et il pouvait obtenir *souffrance* pour la prestation de foi et hommage jusqu'à ce que le pupille eut atteint sa majorité. A l'époque de la reformation des coutumes, le bail n'est plus accordé qu'aux seuls ascendants; on leur retire le droit de s'approprier le mobilier du mineur, mais ils demeurent tenus de payer ses dettes. En revanche à côté du bail, qu'on ne nommait plus que *garde-noble* apparaît la *garde-bourgeoise*, née du désir qu'avaient les bourgeois des villes de s'approprier les mœurs et les privilèges des nobles. A l'époque de la rédaction des coutumes un bon tiers d'entre elles avaient adopté la garde-bourgeoise.

Au XVIe siècle, les coutumes présentent une grande divergence quant aux dénominations de la tutelle, quant à ses modes de délation et aussi quant à sa nature. Nous voyons apparaître le mot *tutèle* comme signifiant la tutelle judiciaire; celle légale est appelée bail, garde ou administration. Quant à sa nature, la tutelle est à cette époque tantôt usufruitière, tantôt simplement administrative. La tutelle usufruitière est connue sous les noms de : garde-noble, garde-bourgeoise.

N'envisageant que la « *tutèle* », seule source en effet où a puisé le Code civil, nous résumerons ce qui a trait au sujet qui nous occupe en disant que le tuteur était chargé de l'administration de la fortune du mineur, qu'il ne devait procéder à aucune aliénation sans un avis de parents et un décret judiciaire autorisant l'aliénation ; qu'il représentait l'incapable dans les actes judiciaires et extra-judiciaires.

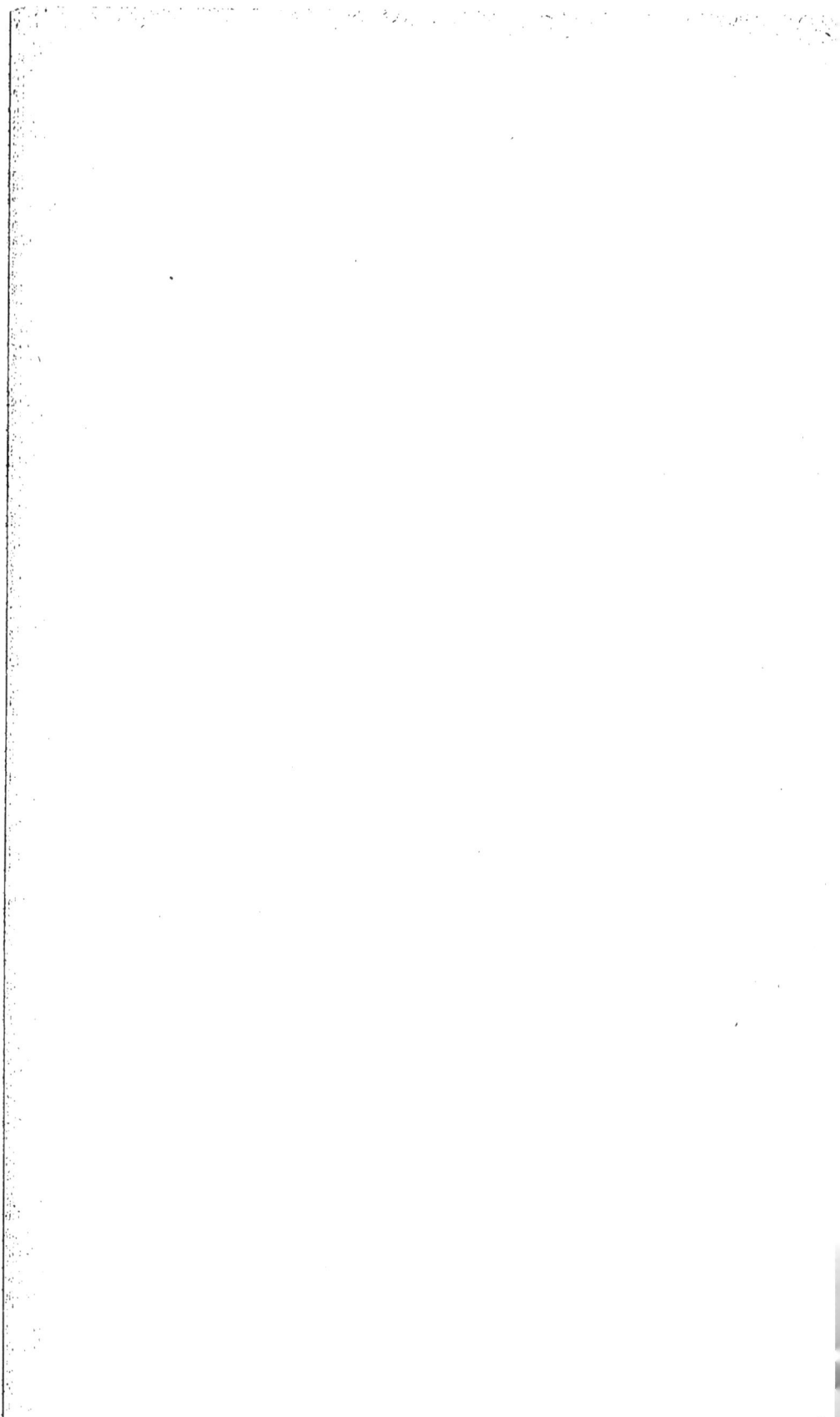

CHAPITRE PREMIER

DE L'ÉTENDUE D'APPLICATION DE LA REPRÉSENTATION DU MINEUR PAR SON TUTEUR

Section I. — Le principe.

L'art. 450 C. civ. porte que : « Le tuteur... le représentera (le mineur) dans tous les actes civils ». Il ressort de cette disposition que le tuteur est considéré comme mandataire légal du mineur en tant qu'il agit en son nom et que par conséquent tous les actes faits par le tuteur sont censés être faits par le mineur lui-même.

Le rôle du tuteur moderne est donc tout différent de celui du tuteur romain, du moins quant à son mode de gestion. Le tuteur romain ne faisait en principe que guider le pupille, l'assister, *auctoritatem interponere* disent les textes ; le pupille, sorti de l'*infantia*, figurait lui-même dans tous les actes avec l'*auctoritas tutoris*, et, si ces actes produisaient effet en la seule personne de l'incapable, il n'y avait rien là que de naturel puisque c'était lui qui était partie agissante et prononçait la formule. Le mineur français, au contraire, reste étranger matériellement à l'acte de son tuteur, mais, grâce à la fiction de la représentation, c'est sur sa tête que se réalisent les effets juridiques du contrat (1). Le droit moderne est plus en harmonie avec la réalité des choses que le droit romain en ce qui concerne le mineur en bas âge ; la seule utilité de faire intervenir le mineur en personne dans des actes dont il ne saisissait pas la portée était, à Rome, de dégager partiellement la responsabilité du tuteur qui courait en effet des risques par suite du principe exclusif de représentation. Mais si

1. On peut voir comme un souvenir du système romain dans l'art. 13 al. 2, de la loi du 20 juillet 1886 sur la caisse nationale des retraites pour la vieillesse qui permet aux mineurs âgés de moins de seize ans de faire les versements avec l'*autorisation* de leur père, mère ou tuteur. Voir aussi art. 1030, C. civ. — D'ailleurs il est admis que les actes accomplis par un mineur selon les formes romaines, c'est-à-dire avec l'assistance de son tuteur, ne sont pas nuls.

nous prenons le mineur aux approches de la majorité, le système romain paraît préférable, parce qu'il initiait l'impubère à ses propres affaires, en lui faisant jouer un rôle actif sous la garantie de l'*auctoritas tutoris*. Aujourd'hui, au contraire, le mineur, à moins qu'il ne soit émancipé, sitôt arrivé à la majorité, prend brusquement la direction de ses affaires, et cette transition peut être en fait préjudiciable à ses intérêts.

Aucun texte n'établit d'une façon directe la limite des pouvoirs du tuteur comme représentant du mineur; il en résulte une divergence de vue assez profonde entre les auteurs. Deux systèmes sont en présence. D'après le premier de ces systèmes, le tuteur n'a d'autres pouvoirs que ceux d'un administrateur. Il ne peut faire que les actes qui dérivent de son pouvoir d'administration et que le code permet d'ordinaire à celui qui gère les biens d'autrui; il faudrait, dit-on, dans cette opinion, un texte pour accorder au tuteur des droits plus étendus, car autrement on dépasserait le principe établi par l'art. 450, et on ne peut faire aucune exception à la règle qu'en vertu d'un texte de loi. « En dehors des pouvoirs expressément déterminés par la loi, dit un arrêt de la Cour de

Gand (1), le mandat ordinaire du tuteur se borne à l'administration des biens de son pupille, et, en règle générale, le droit d'administrer ne comprend pas le droit de disposer ». On argumente en ce sens du second alinéa de l'art. 450, C. civ., qui déclare formellement que le tuteur « administrera », expression, dit-on, qui a un sens technique et précis (V. art. 125, 389, 1428, 1988, C. civ.). En dehors d'une disposition spéciale, le mandat du tuteur se borne à l'administration (2).

Ce système nous paraît fort critiquable. On ne voit guère en effet à quelles conditions le tuteur pourrait faire les actes non spécialement prévus et qui dépassent les limites de l'administration ? Dans le silence de la loi, comment arrivera-t-on, si ce n'est arbitrairement, à déterminer les formalités exigées pour ces actes ; comment choisira-t-on entre l'autorisation du conseil de famille, l'homologation du tribunal ou d'autres formalités ? En suivant cette idée, on arriverait logiquement à cette conclusion que ces actes sont impossibles, car le tuteur, ne pouvant les faire seul, on ne saurait comment déterminer sous quelles conditions il pourrait être habilité à les faire.

1. Gand, 25 mai 1854 (Pasicrisie, 1854, 2, 312).
2. Laurent, tome 5, n°s 40 et s.

Nous croyons donc qu'il faut rejeter cette doctrine pleine d'inconvénients pratiques, et nous nous rallions au système adverse d'après lequel le tuteur chargé de représenter le mineur dans tous les actes de la vie civile et de gérer son patrimoine en bon père de famille a, en vertu de la mission qui lui est confiée et en l'absence de dispositions contraires, le pouvoir de faire seul, sans formalités spéciales et sous sa simple responsabilité, tous les actes nécessaires ou utiles à la conservation, à la mise en rapport et à l'augmentation de ce patrimoine (1). L'argument tiré du second paragraphe de l'art. 450, C. civ., n'est nullement probant et ne suffit pas à infirmer le caractère général des droits du tuteur tel qu'il résulte du premier paragraphe aux termes duquel le tuteur représente le mineur dans tous les actes civils. L'art. 450-2° ne s'est aucunement proposé de définir les pouvoirs du tuteur, mais seulement de dire comment ce tuteur doit gérer, c'est-à-dire en bon père de famille. D'ailleurs le mot « gestion » a un sens large et comprend même les actes de disposition. Enfin il nous semble que la tradition

1. Aubry et Rau, tome I, § 113 ; Baudry-Lacantinerie, tome I, n° 1057 ; Huc, tome III, n° 372 ; Beudant, tome II, n° 852 ; Planiol, tome V, n° 2633.

impose, en quelque sorte, la solution que nous venons de donner. Sans remonter au droit romain qui disait : « *Tutor... quantum ad providentiam pupillarem, domini loco haberi debet* » (1), on sait que dans l'ancienne France les pouvoirs du tuteur étaient considérables et qu'ils n'ont été restreints que progressivement. La marche historique de l'institution démontre, à notre avis, d'une façon péremptoire, que le principe est l'omnipotence du tuteur, puisque le législateur s'est toujours borné à lui apporter des restrictions nécessaires mais spéciales. Nous ne voyons dans la loi du 27 février 1880 sur l'aliénation des valeurs mobilières du mineur qu'une nouvelle restriction, laquelle, quoi qu'on en ait dit, ne doit pas être généralisée dans le sens qu'elle renfermerait le principe que la gestion du tuteur doit se limiter à l'administration.

M. Demolombe semble professer sur la question un système mixte ; il considère l'acte sous deux points de vue différents. Vis-à-vis des tiers l'acte fait par le tuteur quelle que soit son importance est toujours valable s'il n'a pas été soumis par le législateur à des formalités spéciales ; c'est une conséquence du mandat général dont il est investi.

1. Dig. 26, 7, 27.

S'agit-il au contraire de sa responsabilité envers le mineur, le tuteur doit agir en bon père de famille et demander, s'il le croit nécessaire, l'avis du conseil de famille ; s'il ne le fait pas, il engage plus sérieusement sa responsabilité si l'acte passé par lui seul, même de bonne foi, est dommageable au mineur. Mais, en définitive, ce système se rapproche de celui que nous avons adopté puisqu'il valide l'acte quel qu'il soit passé par le tuteur ; la question de responsabilité est différente ; elle ne se pose que dans les rapports du tuteur et du mineur et met en jeu des idées étrangères à la représentation.

La jurisprudence est dans le sens de l'opinion que nous avons adoptée. Dans un arrêt du 3 février 1873 (1), la Cour de cassation s'exprime en ces termes : « Attendu que l'administration dévolue au tuteur dans les termes les plus généraux par l'art. 450 du Code civil lui donne le pouvoir de faire, comme représentant du mineur, tous les actes concernant la gestion de son patrimoine, sans autres restrictions que celles résultant des dispositions qui exigent expressément l'autorisation du conseil de famille et des textes qui

1. S. 1873, 1, 61 ; V. aussi Cass., 4 août 1873, S. 73, 1, 441 ; Besançon, 14 janv. 1891, D. 91, 2, 279.

prescrivent l'accomplissement de certaines formalités ou conditions... » Comme on le voit, la Cour
suprême proclame l'omnipotence du tuteur, et c'est
même cette jurisprudence, qui aboutissait à autoriser le tuteur à disposer librement des valeurs
mobilières de son pupille, qui a amené la loi du
27 février 1880 restrictive, à un point de vue, des
pouvoirs du tuteur. Malgré certaines décisions (1)
qui paraissent depuis cette époque s'attacher à
l'idée d'administration, nous croyons qu'au fond
la jurisprudence n'a pas varié et nous aurons occasion d'en trouver la preuve dans le cours de cette
étude.

De tout ce qui précède, il résulte que le tuteur
peut accomplir, pour le compte de son pupille, tous
les actes que ne lui interdit pas une disposition
expresse ou implicite de la loi, et que la validité
des actes ainsi passés par le tuteur n'est soumise
à l'observation de formalités spéciales que dans
les cas spécifiés par le législateur. Si la règle est
l'omnipotence du tuteur on ne saurait songer à
dresser une liste complète des actes qui rentrent
ainsi dans les pouvoirs du tuteur; on ne peut
qu'indiquer les principaux et, à cet égard, ces

1. Cass., 22 juin 1880, S. 1881, 1, 23; 1er avril 1889,
S. 1889, 1, 217 ; 6 mars 1893, D. 1893, 1, 473.

actes peuvent se répartir en deux groupes : le premier contenant les actes qui rentrent dans l'administration du tuteur ; le second les actes qui excèdent les limites de l'administration proprement dite mais qu'aucun texte ne soumet à des formalités spéciales.

I). Tout le monde est d'accord que le tuteur peut faire seul les actes d'administration.

Parmi ces actes nous citerons d'abord tous les contrats relatifs aux travaux d'entretien des immeubles, à leur culture, à la vente des récoltes. De même à l'égard des meubles qu'on a autorisé le tuteur à conserver en nature, ce tuteur doit faire les réparations nécessaires et en tirer tous les profits qu'ils peuvent produire.

On s'est demandé si les grosses réparations rentrent dans les actes d'administration. Certains auteurs exigent, dans cette hypothèse, l'autorisation du conseil de famille quand le tuteur est obligé d'entamer les capitaux du mineur. Ils argumentent en ce sens des articles 454, 455 et 456, C. civ., qui semblent dire que les revenus sont seuls affectés aux dépenses de la tutelle, et de l'art. 457, C. civ., qui ne permet au tuteur de contracter un emprunt au nom du mineur qu'en se

soumettant à certaines conditions (1). Mais nous
ne croyons pas que cette opinion soit fondée ;
en effet, d'une part les art. 454, 455 et 456, C. civ.,
tout en enseignant que le tuteur doit pourvoir aux
dépenses avec les revenus seuls du mineur, ne
visent pas les grosses réparations, ces dernières
ne constituant pas des dépenses annuelles que
l'on peut prévoir d'avance et que le conseil de
famille règle dès lors par anticipation. D'autre part,
l'art. 457, ainsi que le remarquent fort justement à notre avis MM. Aubry et Rau, prouve
trop, parce que, si l'on assimile aux emprunts, les
engagements contractés par le tuteur pour procéder aux réparations nécessaires, pour les rendre
obligatoires à l'égard du mineur, il faudra alors,
outre l'autorisation du conseil de famille, l'homologation du tribunal (art. 458). D'ailleurs le tuteur,
comme nous le verrons plus loin, peut, et doit même,
faire les actes conservatoires relatifs aux biens du
mineur ; or les réparations d'entretien sont des
actes conservatoires et le tuteur peut, en conséquence, les faire seul, en l'absence de toute disposition à cet égard (2).

1. Duranton, t. III, n° 519 ; Demolombe, t. VII, n°s 649
et 650.
2. Aubry et Rau, t. I, p. 456, § 113 ; Laurent, t. V, n° 44 ;
Huc, t. III, n° 382 ; Planiol, t. I, n° 2676.

Un arrêt de la Cour de cassation du 1er avril 1889 (1) paraît contraire à notre opinion. Il décide en effet que le tuteur ne peut obliger le pupille à raison de l'exécution de travaux faits sur ses immeubles alors que ces travaux n'étaient pas nécessaires pour la conservation de ces immeubles, qu'ils avaient été commandés par le père tuteur dans l'intérêt de son usufruit légal, qu'ils excédaient les revenus du mineur, étaient sans utilité pour lui et n'auraient pu être approuvés par le conseil de famille s'il avait été consulté. Mais il convient de remarquer que dans l'espèce il s'agissait de dépenses qui n'avaient pas été effectuées dans le but de conserver l'immeuble du mineur, le tuteur ayant agi uniquement dans son propre intérêt. Dans ces conditions le mineur ne pouvait se trouver obligé par les actes de son tuteur.

Quant à la question de savoir si le tuteur peut employer les deniers provenant des revenus de la fortune du mineur pour faire des constructions nouvelles ou des améliorations aux immeubles, nous croyons que cette faculté lui est ouverte (2), la loi n'ayant édicté aucune mesure de garantie pour le placement. Il va sans dire que les auteurs

1. S. 1889. 1.217.
2. Huc, t. III n° 382.

qui restreignent les pouvoirs du tuteur aux seuls actes d'administration repoussent cette manière de voir et considèrent les améliorations et les constructions nouvelles comme des actes de propriétaire, donc dépassant les pouvoirs d'un administrateur ; ils ajoutent qu'en fait la plus-value qui en résulte, étant rarement l'équivalent de la dépense faite, ces dépenses ne peuvent pas être considérées comme un mode de placement.

Le tuteur, vu ses pouvoirs d'administration, règle, comme il l'entend, le mode d'exploitation des immeubles appartenant au mineur ; il décide spécialement s'ils seront exploités par lui-même ou donnés à bail (1).

Aux termes de l'art. 1718 C. civ. : » Les articles du titre « Du contrat de mariage » relatifs aux baux des biens des femmes mariées, sont applicables aux baux des biens du mineur ». Du renvoi ainsi fait aux articles 1429 et 1430 C. civ. il résulte d'abord que le tuteur ne peut donner à bail les immeubles appartenant au mineur pour une durée supérieure à neuf ans. En second lieu il ne peut

---

1. Le tuteur ne peut être soumis par une délibération du conseil de famille à l'obligation de louer aux enchères publiques les immeubles de son pupille. Rouen 30 novembre 1840. S. 1841,2,137.

passer ces baux ou les renouveler que trois ans au
plus avant l'expiration du bail lorsqu'il s'agit de
biens ruraux, et deux ans au plus s'il s'agit de
maisons. Quand le tuteur ne dépasse pas la durée
de neuf ans, les baux consentis sont des actes d'administration (1) et par conséquent le tuteur les fait
valablement seul. Mais que faut-il décider pour les
baux que le tuteur aurait consenti pour une durée
supérieure à neuf ans ? Cette question a donné
matière à controverse. Certains auteurs considèrent
les baux supérieurs à neuf ans comme n'étant
plus des actes d'administration mais bien des actes
d'aliénation, altérant le droit de disposition du propriétaire, et ils décident par suite que ces baux
sont nuls et que le mineur devenu majeur, ou ses
héritiers, pourront demander la nullité des baux
à long terme pour toute la durée qui dépasserait
les neuf ans (art. 1429). M. Demolombe (2) va
même plus loin et soutient que le tuteur lui-même
a le droit et le devoir de former cette demande en
nullité pendant le cours de la tutelle, attendu que
le tuteur, représentant le mineur, doit intenter en

1. Jugé qu'un bail à ferme ne peut être considéré comme
un acte d'aliénation interdit au tuteur par cela seul qu'il comprend la faculté d'ouvrir et d'exploiter une carrière sur les
terres affermées. Rennes, 6. janv. 1824, S. Chr.
2. Demolombe, t. VII, n° 640.

son nom toutes les actions qui lui compètent. En vain, dit l'éminent jurisconsulte, objecterait-on au tuteur qu'il demande la nullité de son propre contrat, car il n'agit pas alors en son nom propre mais en sa qualité de tuteur. Nous repoussons quant à nous cette opinion ; les articles 1718 et 1429 enseignent que le tuteur ne peut pas faire de baux supérieurs à neuf ans, donc tout bail consenti à plus long terme sera réduit à neuf ans selon le système indiqué par l'art. 1429 ; mais cette réduction ne pourra être demandée que lors de la cessation de la tutelle, de même que la femme commune en biens ne peut faire réduire les baux consentis par son mari qu'à la dissolution de la communauté. Jusqu'à la fin de la tutelle, le mineur n'a droit à aucune action, et par conséquent son tuteur ne peut l'exercer en son nom. La Cour de cassation par arrêt du 7 février 1865 (1) a adopté cette solution dans les considérants suivants : « ...Attendu qu'il résulte des termes même de l'article 1429, que le mari tant que dure la communauté, peut faire des baux qui excèdent le terme de neuf ans ; attendu qu'en appliquant ces

1. S. 65,1,57 ; *Sic* : Aubry et Rau, t. I § 113, p. 458, texte et note 62. *Contrà* : Valette sur Proudhon, t. II, p. 370 ; Marcadé sur l'art. 460, n° 3 ; Demolombe, t. VII, n° 639 et s. ; De Freminville, t. I, n° 535 ; Demante, t. II, n° 221 *bis*.

principes au tuteur, celui-ci a le droit de louer les biens de son pupille jusqu'à sa majorité pour tout le temps qu'il juge utile ; que c'est seulement à l'époque de sa majorité que s'ouvre pour le pupille le droit de réduire à une période de neuf ans le bail qui se trouve alors en cours d'exécution ; mais que, tant que dure la minorité, et par conséquent l'administration des biens, le bail est valable et obligatoire et que ni le preneur, ni le mineur, ni le tuteur même ne peuvent en demander la nullité... etc. ». Le tuteur ne peut donc pas demander la nullité ni s'opposer à l'exécution des baux consentis par lui, et d'ailleurs le preneur ne peut non plus critiquer le bail qui lui a été consenti. Remarquons enfin que dans l'hypothèse d'un bail de plus de neuf ans, de vingt-cinq ans par exemple, on partage le bail en périodes de neuf ans, et, à supposer que la tutelle cesse le lendemain de l'ouverture de la deuxième période de neuf ans, on réduira le bail de sept ans de manière qu'au maximum il ne puisse être opposable au pupille que pour neuf ans.

Nous avons dit que d'après l'art. 1430, C. civ., le tuteur peut procéder au renouvellement des baux trois ans avant leur cessation pour les biens ruraux, et deux ans avant la même époque pour les maisons. Il faut ajouter que ces baux, même renouvelés en dehors de ces époques, seront obligatoires si leur exécution a commencé avant la fin de la tutelle.

Certains auteurs ont soutenu que le tuteur ne pourrait pas renouveler les baux dont l'exécution ne commencerait qu'après la majorité du mineur. Selon nous, cette opinion, outre qu'elle est contraire aux textes des articles 1430 et 1718, C. civ., enlève au tuteur les moyens de faire profiter le mineur des circonstances favorables qui se présenteraient pour la relocation de ses biens. Le but du législateur, quand il accorde le droit au tuteur de renouveler les baux un certain temps avant leur cessation, est d'éviter au mineur une interruption de bail qui pourrait lui causer préjudice ; or, dans le système qui interdit le renouvellement des baux lorsqu'ils doivent commencer après la majorité, il peut arriver que le preneur finisse le bail avant qu'on en ait pu trouver un nouveau.

On s'est demandé si le tuteur a le droit de stipuler que le preneur paiera par anticipation les loyers ou fermages. Nous croyons que le tuteur peut faire cette stipulation sans avoir à remplir aucune formalité (1). D'ailleurs, ainsi que le remarque fort justement M. Laurent, le mineur sera ainsi à l'abri de l'insolvabilité éventuelle du preneur ; et ce revenu ne restera pas non plus entre les mains du tuteur, mais devra être placé dans les six mois comme constituant un excédant de recettes ; le mineur profitera ainsi en même temps de la capitalisation de ses intérêts. Il y a donc lieu de s'étonner que des auteurs qui cependant, contrairement à M. Laurent, admettent l'omnipotence du tuteur, lui imposent, dans notre hypothèse, l'autorisation du conseil de famille homologuée par le tribunal, et ceci sur le motif que la stipulation dont il s'agit est une aliénation de jouissance (2).

Signalons enfin les difficultés qui se sont élevées relativement à l'affermage des coupes de bois. En ce qui concerne les bois mis en coupes réglées leur

1. Du reste les auteurs eux-mêmes qui refusent au tuteur le droit de se faire payer d'avance les loyers, admettent que ce paiement anticipé pourrait néanmoins être autorisé par l'usage des lieux.

2. Il a été décidé que le tuteur excède les limites de ses pouvoirs lorsqu'en consentant pour plusieurs années un bail des biens de son pupille, il se fait verser par anticipation toutes les annuités du bail. Poitiers, 2 juillet 1845, S. 47, 2, 120, et qu'il en est ainsi spécialement pour les baux dont la durée se prolonge au-delà de la majorité. Limoges, 28 janvier 1824, S. chr. ; Sic. de Fréminville, t. I, nº 537.

location ne présente aucune difficulté quand ces coupes font partie des revenus d'un domaine avec lequel elles sont louées. Mais si les coupes sont louées séparément, nous estimons alors que c'est l'art. 452, C. civ., qui doit être appliqué car il s'agit d'une véritable vente de mobilier, et nous repoussons l'opinion émise par certains auteurs qui veulent appliquer ici les règles du bail. Quant aux bois de haute futaie, ils font partie intégrante de l'immeuble ; on ne peut donc les louer qu'avec le domaine auquel ils appartiennent ; si donc le tuteur veut procéder à la vente des bois de haute futaie il doit se soumettre aux dispositions de l'art. 457, C. civ.

Au nombre des actes d'administration il convient de placer les actes conservatoires. Toutes les mesures conservatoires que la loi permet de prendre aux incapables peuvent, à plus forte raison, être prises par le tuteur, qui même est responsable envers eux de sa négligence à cet égard. C'est ainsi que le tuteur doit interrompre les prescriptions (1), requérir les transcriptions

1. A l'égard de l'interruption de prescription se présente néanmoins une difficulté. Celle-ci, en effet, résulte généralement de l'exercice de l'action, or, nous verrons qu'en matière immobilière le tuteur doit, pour agir en justice, se munir de l'autorisation du conseil de famille. Dans ces conditions, l'ac-

ou inscriptions hypothécaires, intenter les actions possessoires qui compètent au mineur, faire assurer ses biens contre l'incendie (1), payer les dettes exigibles avec les deniers disponibles (2).

Du pouvoir reconnu au tuteur d'acquitter les dettes certaines et exigibles du mineur, résulte celui de reconnaître au nom de ce dernier les dettes préexistantes, même au moyen d'une novation, pourvu que la position du pupille n'en soit pas aggravée (3).

De même le tuteur peut procéder à un règlement de compte au nom du mineur (4). C'est ainsi qu'il a été jugé que le tuteur peut rendre seul un compte de tutelle dû par le mineur du chef de son auteur qui lui-même avait été tuteur d'autres mineurs, lorsque d'ailleurs la gestion n'a soulevé aucune question de responsabilité et lorsqu'aucun

tion intentée par le tuteur sans cette autorisation opèrera-t-elle interruption de la prescription? L'affirmative est généralement enseignée attendu que l'autorisation du conseil de famille intervenant après l'assignation faite par le débiteur suffit pour régulariser la procédure. Planiol, t. I, nᵒ 2675.

1. Rennes, 8 janvier 1897, S. 97, 2, 127.
2. Grenoble, 11 janvier 1864, S. 64, 2, 249
3. Cass., 22 juin 1880, S. 81, 1, 25. D'ailleurs le tuteur, s'il est créancier du mineur, peut lui-même se payer de ses propres mains. Toulouse, 21 juin 1832, S. 32, 2, 494.
4. Cass., 25 novembre 1861, D. 62, 1, 131.

des articles du compte n'a été l'objet d'un redressement (1).

Le tuteur, qui a qualité pour acquitter seul les dettes du mineur, a également qualité pour recevoir tout ce qui peut être dû au mineur (2), soit en capital, soit en accessoires (3). De là découle pour lui le pouvoir de donner mainlevée des privilèges, hypothèques ou cautionnements qui garantissaient la créance (4). Par contre, il peut faire procéder à une expropriation de biens au

1. Besançon, 16 janvier 1891, D. 91, 2, 279.

2. Grenoble, 11 janvier 1864 précité. Il n'y a pas à distinguer, comme on le faisait sous l'empire du droit romain (Toulouse, 14 nivôse an XII, S. chr. ; Besançon, 23 nov. 1808, S. chr.), entre les créances de capitaux et de revenus.

3. Les débiteurs ne sont pas fondés à refuser de se libérer entre les mains du tuteur en alléguant son insolvabilité. Demolombe, t. VII, n° 667.

4. Mais jugé que le tuteur ne peut, sans l'autorisation du conseil de famille, renoncer, quand il ne reçoit pas paiement, aux sûretés attachées aux créances de son pupille, et par suite consentir seul à un ordre amiable dans lequel celui-ci n'est pas colloqué pour tout ce qui lui est dû. Cass., 6 mars 1893, S. 97, 1, 502.— La question de savoir si le tuteur peut consentir à un ordre amiable sans l'autorisation du conseil de famille est d'ailleurs controversée. Dans un système le tuteur peut consentir à l'ordre amiable quand le mineur est payé intégralement. Pigeau, t. II, p. 415 ; Chauveau et Carré, t. VI, quest. 2551 ; Boitard, t, II, n° 1025. Selon un second système, le tuteur peut consentir à l'ordre amiable alors même que le mineur ne reçoit pas un paiement intégral s'il n'est primé que

nom de son mineur pour recouvrer les créances mobilières qui lui sont dues (1).

En résumé l'administration des biens de son pupille constitue, pour le tuteur, moins une faculté qu'une obligation ; mais la loi, d'une façon géné-rale, donne pleine liberté au tuteur quant à cette administration laquelle, comme nous le verrons, n'est soumise à des restrictions que très exceptio-nellement. Dans cet ordre d'idées, contentons nous pour le moment de signaler les dispositions de la loi du 27 février 1880 relatives au placement des deniers pupillaires.

II). Conformément à la doctrine que nous avons adoptée, nous dirons que les actes qui excèdent les limites de l'administration peuvent néanmoins être faits par le tuteur seul en l'absence d'un texte qui en décide autrement.

Spécialement le tuteur peut faire seul les acqui-sitions d'immeubles ou de meubles.

par des créances incontestées, Bioche, *Dict. de procédure,* v⁰ *Ordre,* n⁰ 259 ; Rousseau et Laisney, *Dict. de procédure,* v⁰ *Ordre,* n⁰ 225 ; Garsonnet, t. IV, p. 556. Enfin suivant un troisième, le tuteur peut toujours consentir à un ordre amiable, Rodière, *Comp. et proc.*, t. II, p. 352 ; Cival, *Les ordres amiables,* pp. 187 et s.

1. Bruxelles, 12 nov. 1806, S. chr. Mais le tuteur ne pour-rait pas faire une surenchère ; Huc, t. III, n° 442 ; Laurent, t. XXXI, n⁰ˢ 498 et s.

En ce qui concerne les immeubles, et si nous nous plaçons sous l'empire de la législation antérieure à la loi du 27 février 1880, il nous paraît hors de doute que le tuteur peut faire avec les capitaux disponibles du pupille des acquisitions d'immeubles à titre d'emploi (1). Sauf le cas de collusion entre le tuteur et le vendeur, le mineur ne peut pas critiquer l'acquisition ainsi faite en son nom. — La question devient plus délicate quand il s'agit de savoir si le tuteur peut faire une acquisition d'immeuble sans payer immédiatement le prix ; en d'autres termes s'il peut faire une acquisition à terme, le prix pouvant encore être dû lors de la cessation de la tutelle. Contrairement à l'opinion générale, nous pensons que cet acte ne dépasse pas les pouvoirs du tuteur puisqu'en effet nul texte n'impose au tuteur la nécessité d'une autorisation dans cette hypothèse. On tire, il est vrai, un argument *a contrario* de l'art. 455 C. civ. qui exige l'emploi de l'excédant des revenus ; mais cet argument nous paraît peu probant. D'ailleurs il peut être d'une bonne admi-

2. Toullier, t. II. n° 1221 ; Boileux, t. II, p. 426 ; Duranton, t. III, p. 568 et 570 ; Aubry et Rau, t. I, § 113, p. 459, texte et note 64 ; Laurent, t. V, n° 60 ; Chardon, n° 493 ; Demolombe, n° 676 ; *Contra* Taulier, t. II, p. 65 et 66 ; Magnin, t. I, n° 685.

nistration de faire une pareille acquisition pour
le compte du mineur. Le mineur ne peut donc pas,
à notre avis, critiquer l'acquisition, sauf bien
entendu la restriction vue plus haut relativement
au cas de collusion entre le tuteur et le vendeur.
Un arrêt de la Cour de cassation du 5 janvier 1863
se prononce nettement en ce sens (1) : « Attendu
que le pourvoi conteste au tuteur le droit d'acheter à crédit des immeubles pour le compte du
mineur sans l'autorisation du conseil de famille ;
attendu que la législation qui nous régit, conforme
en cela au droit romain, n'a pas interdit au tuteur
de semblables acquisitions ; que les tuteurs se
trouvent dès lors placés sous l'empire de cette
règle : « *Emere possunt quilibet non prohibiti* »
érigée en loi par l'art. 1594 C. civ. ; que vainement
on objecte que le tuteur n'est qu'un simple administrateur et que les acquisitions d'immeubles
dépassent les limites de l'administration tutélaire...; qu'il peut se présenter des circonstances
dans lesquelles l'acquisition d'un immeuble, alors
même que le tuteur ne pourrait en payer immé-

1. S. 1863.1,9. V. aussi : Cass. 2 mai 1865, S, 1865,1,206 ;
sic Duranton, t. III, n. 570 ; de Fréminville, t. I, n. 538 ; —
Contrà : Laurent, t. V, n° 50 ; Chardon, *Tr. de la puissance
tutélaire*, n° 496 ; Demolombe, t. VII, n° 677.

Marc Juster   3

diatement le prix constituerait un acte de sage administration..., etc. ».

Un arrêt de la Cour de Nancy du 9 mai 1885 s'est arrêté à une solution intermédiaire et, sans dénier d'une manière absolue au tuteur le droit de faire à crédit des acquisitions immobilières, il a reconnu que les acquisitions ainsi faites ne pourraient être maintenues que si elles constituaient, de la part du tuteur, un acte de sage administration (1).

Cet arrêt écarte ainsi implicitement un argument que l'on a voulu tirer de la loi du 27 février 1880 pour en faire application à la question que nous venons d'examiner. On prétend que l'art. 6 de la loi précitée, qui prescrit l'emploi des capitaux du mineur, se réfèrant, quant aux conditions à accomplir par le tuteur, « aux articles précédents » de la loi et à l'art. 455 C. civ., il faut pour que le tuteur puisse procéder au placement l'autorisation du conseil de famille et l'homologation du tribunal selon la distinction établie par les art. 1 et 2 de la loi (2). Un arrêt de la Cour de Paris

---

1. Nancy, 9 mai 1885. S. 1887. 2. 137.
2. Deloison n° 223 ; Huc, t. III, n° 418 ; Planiol, t. II, n° 2691 ; Testoud, *France judiciaire* 1884-85, p. 141. Du moins admet-on que la loi de 1880 ne régit que le placement des

du 21 mai 1884 (1) approuve cette solution. Cet
arrêt, fort longuement motivé, après un examen
historique retrospectif sur les pouvoirs du tuteur
avant la loi de 1880 et une interprétation des paro-
les du rapporteur lors de la préparation de la loi
du 27 février 1880 dispose : « Que celui-ci (l'emploi) ne peut être effectué : 1°) qu'avec l'autorisation du conseil de famille, homologuée par le tribunal, pour des capitaux s'élevant à plus de
1500 francs et, lorsque ce chiffre n'est pas atteint,
avec l'autorisation du conseil de famille seulement ; 2°) qu'en titres nominatifs, si l'emploi est
opéré en valeurs... » — Nous doutons, pour notre
part, du bien fondé de cette solution uniquement fondée sur un argument littéral. L'art. 6 n'a
été inséré par la commission du Sénat lors de la
rédaction de la loi du 27 février 1880 que dans le
but de bien établir l'obligation de faire emploi des
capitaux et de fixer le délai imparti au tuteur pour
l'exécuter, mais nullement pour restreindre les
pouvoirs du tuteur quant au choix de l'emploi.
Ainsi interprétée, la loi de 1880 serait contraire à

capitaux, le placement des économies restant soumis à l'art.
455 C. civ. qui laisse au tuteur pleine liberté pour le choix
des valeurs destinées à servir de placements.
  1. S. 1885, 2, 97. V. aussi Paris, 13 janv. 1885. S. 1885.
2. 101.

l'esprit général de notre législation qui donne au
tuteur des pouvoirs très larges et y introduirait
une innovation, en ce sens qu'une pareille règle
n'a jamais été admise dans notre droit. Le renvoi de l'art. 6 ne vise que la disposition de l'art.
5 qui exige que les valeurs mobilières du mineur
soient nominatives et qui ne permet de les conserver au porteur que lorsqu'elles ne peuvent être
converties en titres nominatifs et sous des précautions spéciales (1).

L'emploi fait par le tuteur des valeurs mobilières est libre à condition d'observer la loi du 27
février 1880. C'est ainsi que cet emploi ne pourrait
pas être fait en titres au porteur, la loi de 1880
exigeant la conversion de ces titres. De même le
tuteur devrait suivre les indications du conseil
quand les capitaux à placer proviennent d'une
vente ou d'une acceptation de succession que le
conseil de famille n'a autorisée qu'en déterminant
des conditions spéciales pour le placement des
fonds. L'art. 452 obligeant enfin le tuteur à
vendre les meubles que le conseil n'autorise pas
à conserver en nature, le tuteur ne peut pas faire
d'emploi en cette espèce de biens.

1. V. en ce sens la note de M. Lyon-Caen : S. 1885. 2. 97 ;
Baudry-Lacantinerie, t. I, n° 1069.

Le tuteur a qualité pour recevoir seul les capitaux qui reviennent au mineur ainsi que ses revenus, mais il est obligé d'en faire emploi conformément à l'art. 6 de la loi du 27 février 1880 ainsi conçu : « Le tuteur devra faire emploi des capitaux appartenant au mineur ou à l'interdit ou qui lui adviendraient par succession ou autrement, et ce, dans le délai de trois mois, à moins que le conseil ne fixe un délai plus long, auquel cas il pourra ordonner le dépôt comme il est dit en l'article précédent. Les règles prescrites par les articles ci-dessus et par l'article 455 du Code civil seront applicables à cet emploi ».

En principe, le tuteur a seul qualité pour représenter le mineur en justice (1). Nous trouverons plus loin ce qui concerne les actions immobilières et les actions en partage pour lesquelles il faut au tuteur une autorisation du conseil de famille. Disons seulement que le tuteur peut défendre seul à ces actions. Le tuteur peut aussi exercer seul les actions possessoires bien qu'elles soient

1. Jugé que serait nulle la délibération du conseil de famille qui, du consentement du tuteur, désignerait un tuteur *ad hoc* chargé de diriger contre un tiers une action au nom du mineur. Paris, 9 août 1875, D. 77, 2, 56.—Le tribunal ne saurait autoriser un mineur qui n'a pas de tuteur à se présenter seul en justice pour y défendre ses intérêts. Cass., 25 juin 1884, D. 85, 1, 160.

immobilières ; enfin il exerce les actions mobilières tant en demandant qu'en défendant.

A propos des actions mobilières s'est élevée
une difficulté relative à l'acquiescement. Selon
nous, le tuteur peut seul, et doit même si l'intérêt
du mineur l'exige, acquiescer à une demande
relative aux droits mobiliers (1). Cependant la
jurisprudence est incertaine sur ce point; quelques
arrêts (2), assimilent l'acquiescement à une transaction ou à une aliénation et semblent exiger
l'accomplissement des formalités prescrites par les
art. 467 ou 457. A notre sens, ces arrêts ont le
grave tort de confondre deux actes juridiques
dont la nature et l'objet sont essentiellement différents. Celui qui fait une transaction au nom
du mineur sacrifie une partie des droits de ce dernier, tandis que lorsque le tuteur acquiesce, cela
implique que le mineur n'avait aucun droit; on
s'explique ainsi que la loi n'ait exigé dans l'art. 464
C. civ., que l'autorisation du conseil de famille
pour l'acquiescement à des actions immobilières
et qu'elle ait exigé d'autres formalités, comme

1. Cass., 18 avril 1863, D. 70, 5. 367 ; 17 février 1875,
S. 75, 1, 152 ; Caen, 31 juillet 1876, D. 1877, 2, 152.
2. V. spécialement : Toulouse, 29 déc. 1853, D. 54, 2, 68 ;
Pau, 9 mai 1834, S. 1835, 2, 158.

l'avis de trois jurisconsultes et l'homologation
du tribunal, même lorsqu'il s'agit de transiger sur
des droits mobiliers. Dans une autre opinion, on
argumente de l'art. 444, C. proc. civ., relatif à
l'appel des jugements rendus contre des mineurs,
et on exige en conséquence le concours du
subrogé-tuteur (1). Les conclusions qu'on tire de
cet article sont manifestement forcées. Ainsi que le
font remarquer MM. Aubry et Rau, ce système
présenterait une grave inconséquence par le fait
que le tuteur qui, autorisé à acquiescer *de plano*
et avant jugement à une demande mobilière dirigée contre le mineur, ne pourrait plus le faire
seul après le jugement qui formerait cependant
une puissante présomption en faveur de la légiti-
mité de la demande. Tout ce qui résulte de l'article
444, C. proc. civ., c'est qu'en exigeant une signification du jugement au subrogé-tuteur, même s'il
n'a pas été en cause, pour faire courir les délais
de l'appel contre le mineur, la loi accorde au
subrogé-tuteur le droit d'interjeter appel, et que
ce droit ne peut lui être enlevé par le fait de l'acquiescement du tuteur (2).

1. V. en ce sens : Nancy, 25 août 1837, S. 1837, 2, 151.
2. De Freminville, t. II, p. 243.

Dans le silence de la loi, les actions qui concernent l'état du mineur ont donné lieu à de graves difficultés. Le tuteur peut-il les intenter seul, comme en matière mobilière, ou lui faut-il en outre l'autorisation du conseil de famille comme en matière immobilière? Remarquons d'abord que ces actions ne sont ni mobilières ni immobilières, mais ont une nature spéciale. Aussi des opinions divergentes se sont-elles fait jour à ce sujet. Dans une certaine doctrine on ne permet au tuteur d'intenter les actions relatives à l'état du mineur que moyennant l'autorisation du conseil de famille. On invoque d'abord en ce sens l'esprit général de la loi ; notamment des articles 175, 182, 468 et 510 du Code civil il résulterait que, pour tout ce qui concerne la personne ou l'état du mineur, le tuteur ne pourrait agir qu'avec l'autorisation du conseil de famille. On tire argument de l'art. 464, C. civ., qui, dit-on, exigeant une autorisation pour introduire les actions immobilières, ne fait que se conformer à la tradition qui considérait ces actions comme plus importantes ; or les actions relatives à l'état du mineur ont un intérêt encore supérieur. Ces raisons ne nous semblent pas péremptoires. Le législateur a bien pu ordonner, en certains cas spéciaux relatifs à l'état du

mineur, l'autorisation du conseil de famille, mais
ce n'est pas une raison pour étendre ces dispositions en dehors des cas prévus par la loi. A plus
forte raison croyons-nous ne pas devoir argumen-
ter de l'art. 464 qui, réclamant l'autorisation du
conseil de famille pour l'exercice des actions
immobilières seulement, laisse les autres sous
l'empire de l'art. 450, C. civ., qui confère au
tuteur un mandat général en vertu duquel il
exerce seul tous les droits appartenant au mineur,
donc aussi l'exercice des actions relatives à l'état
du mineur.

Selon M. Laurent, les actions d'état seraient tellement inhérentes à la personne qu'on ne conçoit
pas qu'elles puissent être intentées par un autre
que le mineur lui-même (1).

Pour nous, qui avons admis le principe de l'omnipotence du tuteur, le mandat général, confié par
la loi au tuteur, comprend, outre la gestion du
patrimoine du mineur, la garde de ses intérêts
moraux, par suite de son état. C'est ainsi que le
tuteur pourrait, à notre avis, intenter au nom du
mineur une action en réclamation d'état sans
aucune autorisation. En ce sens on peut invoquer

1. Laurent, t. V, n° 82. V. aussi Huc, t. III, n° 443.

un arrêt de la Cour de Paris du 21 août 1841 (1),
qui, il est vrai, statue en matière de tutelle d'un
interdit et qui, du reste, a perdu son importance
pratique depuis la loi du 18 avril 1886 qui permet
au tuteur de l'interdit d'introduire en son nom
une demande en séparation de corps avec l'autorisation du conseil de famille. Par adoption de
motifs d'un jugement du tribunal de Meaux, la
Cour décide que : « Attendu que d'après l'art. 450,
C. civ., le tuteur doit prendre soin de la personne
du mineur; que l'interdit est de tous points assimilé au mineur ; attendu que l'action en séparation intéresse essentiellement la personne et
qu'aucune disposition législative ne refuse au
tuteur le droit de l'exercer ; qu'aucun article du
Code n'exige pour le cas dont il s'agit l'avis
préalable du conseil de famille, et que toutes les
fois que le législateur a voulu que ce conseil fût
consulté, il l'a indiqué... etc. » Il a été jugé dans
le même sens que le tuteur d'un mari interdit
a qualité pour intenter au nom de celui-ci une
action en désaveu de paternité et qu'il n'a pas
besoin à cet effet d'être autorisé par le conseil de
famille (2).

1. S. 1841, 2, 488.
2. Grenoble, 5 déc. 1883, S. 84, 2, 73. — V. pour une

Nous avons supposé l'exercice d'une action concernant l'état du mineur, mais la question peut se poser relativement à une action qui concerne l'état d'un tiers, qui tend, par exemple, à faire interdire un parent de l'incapable. Que décider en ce cas? Quoique la question soit délicate, la jurisprudence, fidèle au principe de l'omnipotence du tuteur, permet à celui-ci d'agir en toute liberté (1).

L'étendue très large que nous donnons à la représentation du mineur par son tuteur ne doit pas nous induire en erreur. L'art. 450, C. civ., est très compréhensif, à certains égards trop compréhensif, et il faut se garder de rien exagérer. Aussi, après avoir posé le principe de la représentation dans tous les actes civils, convient-il de lui faire subir aussitôt quelques restrictions qui dérivent de la nature même des choses; nous verrons d'autre part, dans la section suivante, celles qui ont fait l'objet de prescriptions spéciales du droit positif.

Il est certains actes pour lesquels la représentation ne se conçoit pas et pour lesquels par consé-

demande en nullité de mariage. Cass., 26 février 1890, S. 90, 1, 216.

1. Lyon, 24 février 1859, S. 59, 2, 655 ; Caen, 21 mars 1861, S. 62, 2, 484 ; *Contrà* : Laurent, t. V, n° 254.

quent, le tuteur ne saurait prêter son ministère ;
le mineur n'étant pas alors représenté, peut faire
ces actes soit seul, soit moyennant certaines auto-
risations. Les actes de cette nature peuvent se
grouper en trois catégories. Une catégorie comprend ceux qui visent la personne même du
mineur, ce sont : le mariage, l'engagement dans
les armées de terre et de mer, le contrat d'appren-
tissage et généralement tout contrat relatif à
l'exercice d'une profession quelconque (1). Un
second groupe comprend certains actes relatifs
aux biens du mineur, ce sont : le testament et le
contrat de mariage. Enfin rentrent dans une troisième catégorie les actes qui, sans viser la personne même du mineur ou ses biens, ont un
caractère essentiellement personnel ; nous citerons la reconnaissance d'un enfant naturel.

L'art. 450, C. civ., ne pose le principe de la
représentation que dans les actes civils. Il faut en
conclure que si les actes faits par le tuteur, en
vertu et dans l'exercice des pouvoirs que la loi lui
a confiés, engagent le mineur comme s'ils avaient
été faits par lui-même en état de majorité, ce dernier ne saurait être responsable des obligations

1. Paris, 27 juin 1889, S. 1889, 2, 159.

nées des délits et quasi-délits que le tuteur aurait commis au préjudice de tiers alors même que ces délits ou quasi-délits se rattacheraient à l'administration de la tutelle (1). Mais il va sans dire que le mineur peut être tenu des actes frauduleusement accomplis par le tuteur s'il en a tiré profit (2).

Aucune loi n'admettant qu'une personne puisse faire le commerce comme mandataire légal d'une autre, on reconnaît généralement que le tuteur ne saurait, au nom du mineur, acheter un fonds de commerce ou l'exploiter, en d'autres termes exercer le commerce au nom du mineur (3). Mais il a été jugé que le tuteur peut, du moins, être autorisé exceptionnellement, dans l'intérêt du mineur, à continuer le commerce des père et mère de celui-ci (4).

D'autre part malgré la généralité de l'art. 450 C. civ., il n'est pas douteux que, pour un grand nombre d'actes, le mineur peut valablement agir

1. Cass., 7 mai 1894, S. 1898, 1, 510 ; V. aussi Montpellier, 16 juillet 1891, sous Cass. 21 mars 1893, S. 95, 1, 241.

2. Grenoble, 5 mars 1825, S. chr. ; Cass., 24 nov. 1841. S. 42.1.158.

3. Lyon-Caen et Renault, t. 1, n° 221 ; Bravard-Veyrières et Demangeat, t. 1, p. 69.

4. Alger, 4 avril 1891, S. 92, 2, 16 ; *Contrà* : Lyon-Caen et Renault, *op.* et *loc. cit.*

seul sans être représenté par son tuteur ; nous voulons parler de ces actes de la vie journalière, notamment de ces menus achats que peut faire un mineur. A raison de leur très médiocre impor- tance, on ne saurait douter que le législateur a voulu les laisser en dehors de la règle ; *de minimis non curat prætor.*

Il est d'autres actes pour lesquels la représen- tation ne s'impose pas et que le mineur peut accomplir aussi bien que son tuteur. C'est ainsi que l'art. 2139 C. civ. reconnaît au pupille le droit de requérir l'inscription de son hypothèque légale, et, d'une façon générale, qu'il peut faire tous les actes conservatoires qui intéressent son patri- moine.

Au reste il convient de rappeler que le principe de l'omnipotence du tuteur, s'il aboutit à lui con- férer de très larges pouvoirs, n'implique nullement son irresponsabilité ; bien au contraire le champ d'application de sa responsabilité se trouve agrandi par le fait qu'on multiplie le nombre des actes que le tuteur peut faire seul.

Terminons enfin en ce qui concerne l'examen du principe de la représentation par cette remar- que que les dispositions de la loi n'établissent aucune distinction pour le cas où le tuteur se

trouverait être le survivant des père et mère. Toutefois les dispositions qui régissent l'administration tutélaire ne sont applicables que réserve
faite des avantages qui résultent du droit de jouissance légale.

Section II. — Des limites apportées par la loi au principe de la représentation.

Après avoir étudié le principe de la représentation et indiqué les restrictions qu'il comporte, il
faut examiner les limites que le droit positif, pour
diverses raisons, a cru devoir apporter au principe
qu'il avait posé. L'idée générale qui a guidé le
législateur est qu'il convenait de restreindre la
portée d'application de la règle de la représentation toutes les fois que l'acte à accomplir présen-
tait pour le mineur certains dangers. Et comme
la gravité des conséquences de l'acte varie avec
leur nature on comprend que le législateur les ait
repartis en différentes catégories. Pour les uns le
tuteur devra seulement obtenir l'autorisation du
conseil de famille ; pour d'autres il faudra en

outre l'homologation du tribunal ; certains néces-
siteront l'accomplissement des formalités particulières ; quelques-uns enfin seront totalement
interdits (1). Nous allons successivement les passer en revue.

§ 1.

*Des actes pour lesquels l'autorisation du Conseil
de famille est nécessaire et suffisante.*

Ces actes sont au nombre de six : le bail des
biens du mineur au profit du tuteur, l'acceptation
ou la répudiation d'une succession échue au
mineur, l'acceptation d'une donation, l'exercice des

---

1. Nous n'entendons parler ici que des conditions auxquelles la loi soumet certains actes ; mais on sait que c'est une
question controversée que celle de savoir si le conseil de famille peut imposer au tuteur des conditions d'administration
que la loi ne lui impose pas. D'ailleurs on admet généralement que, vu leur caractère d'ordre public, les règles relatives
aux droits et obligations du tuteur ne peuvent être écartées
par la volonté des particuliers. Trib. Emp. d'Allemagne, 25
mars 1885. S. 86. 4. 6. *Adde* Demolombe, t. VII, n°s 143
et s.; Aubry et Rau, t. I, n° 89, p. 369; Laurent, t. IV, n° 366.

actions immobilières du mineur ou l'acquiescement à de semblables actions dirigées contre le
mineur, l'exercice de l'action en partage, l'aliénation des meubles incorporels du mineur dont
la valeur ne dépasse pas 1.500 fr.

Bail des biens du mineur au profit de son tuteur.

L'art 450, al. 3 porte que : « Il (le tuteur) ne
peut.... ni les prendre à ferme à moins que le
conseil de famille n'ait autorisé le subrogé tuteur
à lui en passer bail ». On conçoit très bien la raison d'être de cette disposition ; il serait en effet à
craindre que le tuteur, s'il pouvait à cet égard agir
seul au nom du pupille, se fît des conditions trop
avantageuses.

De l'interprétation littérale de l'art. 450-3°
on pourrait conclure que les mots : « prendre à
ferme » ne visent que le bail à ferme ; mais on ne
voit aucune raison pour ne pas étendre cette disposition au bail à loyer, et on s'accorde à dire
qu'il faut généraliser.

Marc Juster   4

Remarquons que les termes de l'art. 450 qui interdit au tuteur de prendre à ferme les immeubles du mineur sans l'autorisation du conseil de famille sont tellement absolus que le bail de ces immeubles, consenti au tuteur par un tiers à qui celui-ci les avait antérieurement donnés à ferme, est nul, et cette nullité entraîne celle du bail qui avait été primitivement consenti au tiers par le tuteur dans les limites de ses pouvoirs (1).

Acceptation ou répudiation d'une succession échue au mineur.

L'art 461 dit que : « Le tuteur ne pourra accepter ni répudier une succession échue au mineur sans une autorisation préalable du conseil de famille ..(2) ». Disons tout d'abord que par le mot « succession » on entend ici toutes les transmissions par décès emportant charge de payer les

1. Bourges 29 décembre 1842, S. 1844,2,255.
2. Il a été jugé que l'homologation du tribunal n'est jamais nécessaire : Paris 2 février 1880, S. 1883,1,301.

dettes du défunt (art. 870, 871, 1003, 1010, 1092) ;
par conséquent : les successions proprement dites
ou successions *ab intestat*, les legs universels ou
à titre universel, les donations de biens à venir.
L'autorisation préalable du conseil de famille a été
requise, en ce qui concerne ces actes, à cause de la
responsabilité qu'ils entraînent. Les successions,
comme les legs universels, peuvent en effet être
grevés de dettes ou charges qui incombent naturellement au mineur. D'autre part il y a également
à tenir compte de considérations morales.

Le conseil de famille lui-même n'a pas pleine
liberté de décider, car l'art 461 porte que : « L'acceptation n'aura lieu que sous bénéfice d'inventaire ». Ainsi donc le conseil de famille décide si
le tuteur acceptera ou répudiera la succession
échue au mineur et, s'il se détermine pour l'acceptation, elle ne pourra avoir lieu que sous bénéfice
d'inventaire, ce qui a pour effet de limiter la responsabilité de l'héritier à l'actif de la succession.
La même règle s'applique, d'après la majorité des
auteurs, aux legs universels ou à titre universel (1).
Les rédacteurs du code ont considéré l'acceptation
sous bénéfice d'inventaire comme toujours avan-

1. Dijon 10 juillet 1876, S. 1880,2,41 ; *Sic* : Demolombe,
t. VII, nº 703 ; Duranton t. III, nº 581 ; Laurent, t. V, nº 73.

tageuse, aussi l'ont-ils imposée au mineur. Cependant on reconnaît unanimement qu'il est erroné de prétendre que l'acceptation sous bénéfice d'inventaire ne procure que des bénéfices et ne puisse causer aucun préjudice. Si la succession est sûrement bonne, il serait plus avantageux d'accepter purement et simplement, ce qui éviterait des longueurs et des frais, notamment le paiement de droits de transcription au cas d'adjudication sur licitation au profit du mineur. De plus l'obligation du rapport, à laquelle est soumise l'héritier bénéficiaire, peut entraîner pour le mineur un grave préjudice ; il est vrai que, si le préjudice apparaît clairement, il est à présumer que le conseil de famille se prononcera pour la répudiation.

De ce que les mineurs ne peuvent accepter que bénéficiairement et avec l'autorisation du conseil de famille, il suit que la possession prise par eux ou par leur tuteur des biens de la succession sans autorisation ne les rend pas héritiers purs et simples (1).

Dans l'ancien droit les mineurs pouvaient se faire relever de l'acceptation par voie de rescision ; aujourd'hui la rescision n'étant admise qu'en cas

1. Voir sur le principe qu'il ne peut y avoir pour le mineur d'acceptation tacite : Cass. 29 mars 1888, D. 88,1,345.

de lésion, il s'ensuit a-t-on dit qu'on ne pourrait l'admettre contre une acceptation régulièrement faite par le tuteur attendu que l'acceptation, ne pouvant avoir lieu que sous bénéfice d'inventaire, ne peut occasionner aucune lésion au préjudice du mineur. La discussion repose sur l'article 783 Code civil ainsi conçu. « Le majeur ne peut attaquer l'acceptation expresse ou tacite qu'il a faite d'une succession, que dans le cas où cette acceptation aurait été la suite d'un dol pratiqué envers lui ; il ne peut jamais réclamer sous prétexte de lésion, excepté seulement dans le cas où la succession se trouverait absorbée ou diminuée de plus de moitié, par la découverte d'un testament inconnu au moment de l'acceptation ». Selon nous quoique l'art 783 ne prévoit que le cas d'un majeur, il laisse le mineur sous la règle générale prévue par l'art. 1305. D'ailleurs il serait étrange que la loi prive le mineur d'un droit que l'art. 783 accorde au majeur ce qui aurait pour conséquence d'enlever au mineur la faculté de se pourvoir contre les obligations qui seraient entachées de dol et de fraude à son égard. Il faut donc admettre que, même si la succession a été acceptée sous bénéfice d'inventaire, le mineur pourra intenter l'action en rescision résultant du dol ou de la fraude dont il a été victime.

En ce qui concerne la répudiation d'une succession échue au mineur l'intervention du conseil de famille s'explique d'elle-même car il s'agit là d'un acte grave se rapprochant d'une aliénation, et qui peut en conséquence préjudicier au mineur. D'ailleurs il n'y a pas à distinguer si la succession est mobilière ou immobilière. La renonciation que le tuteur ferait sans l'autorisation du conseil de famille est nulle et ne produirait aucun effet à l'égard du mineur. S'il renonce au contraire dûment autorisé, la renonciation est valable et irrévocable, sauf dans le cas de l'art. 462 que nous retrouverons plus loin.

Quelques auteurs, M. Laurent notamment, estiment que, outre l'autorisation du conseil de famille, il faut l'homologation du tribunal pour répudier une succession, spécialement si elle contient des immeubles. On se fonde sur l'idée que la répudiation implique une aliénation : « L'héritier étant saisi de plein droit de la propriété de l'hérédité, quand il renonce, il aliène ». A notre avis, la renonciation à une succession peut se rapprocher d'un acte d'aliénation, mais ne saurait y équivaloir. La renonciation à une succession immobilière prive le mineur d'un droit purement nominal qui peut se réduire à rien quand

le passif de la succession dépasse l'actif ; l'aliénation, au contraire, vise un droit fixe, certain,
qui fait passer la propriété d'une chose appartenant au mineur dans le patrimoine d'un autre, et
on conçoit que dans ce dernier cas l'homologation
du tribunal soit nécessaire. D'ailleurs la loi se
contente de l'autorisation du conseil de famille et
on ne voit pas en vertu de quelle raison juridique
l'interprète créerait une nouvelle condition en
imposant la nécessité de l'homologation du tribunal. Un arrêt fort bien motivé de la Cour de
Grenoble du 6 décembre 1842 (1), s'exprime dans
les termes suivants : « Attendu, en droit, que les
successions échues au mineur ne peuvent être
répudiées que par son tuteur avec l'autorisation
du conseil de famille... ; qu'il n'était pas au pouvoir du tribunal de se substituer au conseil de
famille, pour la surveillance des actes intéressant la mineure ; que les juridictions sont d'ordre
public ; que le législateur a eu de bonnes raisons
d'exiger en ce cas l'intervention de la famille qui
connaît les faits et se trouve en situation d'apprécier mieux que personne l'actif et les charges de
la succession à répudier ; qu'ici même le tribunal
n'eût pas été appelé à homologuer la délibération

1. S. 1843. 2. 290.

de famille, qui eut autorisé la répudiation, formalité exigée seulement en cas de vente des biens du mineur... » (1).

Au même ordre d'idées il faut rattacher l'abandon de biens d'une succession, après acceptation bénéficiaire, fait aux créanciers de la succession par le tuteur. Nous pensons qu'il y a lieu d'exiger par analogie l'autorisation du conseil de famille ; mais nous n'entendons pas par là assimiler de tous points un pareil abandon à une renonciation ; en effet, l'héritier bénéficiaire, qui fait l'abandon de biens héréditaires aux créanciers de la succession, à la différence d'un héritier renonçant, conserve la faculté de reprendre les biens abandonnés qui se retrouvent encore entre les mains des créanciers en les désintéressant. C'est précisément par suite du préjudice que peut causer au mineur le paiement des créances, condition nécessaire pour la reprise des biens, que MM. Aubry et Rau enseignent fort justement, selon nous, la nécessité de l'autorisation du conseil de famille (2).

En ce qui concerne le retrait successoral, la majorité des auteurs incline vers l'opinion que le tuteur peut l'exercer au nom de son pupille

1. Voir aussi Toulouse, 5 juin 1829, S. chr.
2. Voir en ce sens : Cass., 12 mars 1839, S. 1839, 1, 274.

avec l'autorisation du conseil de famille. On dit en faveur de cette opinion que le tuteur, qui ne pourrait seul accepter une succession pour le compte du mineur même bénéficiairement, ne peut, à plus forte raison, exercer le retrait successoral sans l'autorisation du conseil de famille; d'ailleurs, ajoute-t-on, par le fait du retrait exercé, le mineur se trouve obligé envers le retrayé au remboursement du prix de la cession, ce qui peut lui causer un grave préjudice. M. Demolombe dit fort bien à ce sujet que le retrait de droits successifs est un contrat *sui generis*, un traité, et non un emploi ou placement, que le tuteur peut faire seul; l'opération que le tuteur se propose de faire pour le compte du mineur est chanceuse, et c'est pourquoi on ne la lui permet qu'avec l'autorisation du conseil de famille. Cependant, par un arrêt du 16 août 1858, la Cour de Grenoble s'est prononcé en sens contraire (1).

Mentionnons pour terminer la disposition de l'art. 462, C. civ., ainsi conçu : « Dans le cas où la succession répudiée au nom du mineur n'aurait pas été acceptée par un autre, elle pourra être reprise soit par le tuteur, autorisé à cet effet par

----

1. S. 1859, 2, 189; *Contrà* : Demolombe, t. VII, n° 678 ; Comp. Chardon, *Puiss. tutél.*, n° 404.

une nouvelle délibération du conseil de famille,
soit par le mineur devenu majeur, mais dans l'état
où elle se trouvera lors de la reprise, et sans
pouvoir attaquer les ventes et autres actes qui
auraient été légalement faits durant la vacance ».
L'art. 790 au titre « Des successions » a généralisé
cette règle en la rendant applicable à l'héritier
majeur. Il y a cependant une différence entre ces
deux situations. En effet, l'héritier majeur qui a
d'abord renoncé ne peut accepter encore la succession à lui échue qu'autant que la prescription
du droit d'accepter de l'art. 789, qui est de trente
ans, n'a pas encore été acquise contre lui ; tandis
que l'héritier mineur, du chef duquel une succession a été répudiée par son tuteur dûment autorisé,
n'a, selon nous, à craindre aucune prescription
conformément à l'art. 2252, C. civ., et il pourra,
en conséquence, une fois majeur, accepter la succession sans que l'on tienne compte du temps
écoulé pendant sa minorité pour le calcul de la
prescription prévue par l'art. 789, C. civ.

Acceptation d'une donation.

D'après l'art. 463 C. civ. : « La donation faite
au mineur ne pourra être acceptée par le tuteur

qu'avec l'autorisation du conseil de famille (1).
Elle aura à l'égard du mineur le même effet qu'à
l'égard du majeur (2) ». Pourquoi une pareille
précaution vis-à-vis d'un acte purement lucratif?
C'est que la donation n'est pas toujours sans
danger pour le mineur. Il se peut d'abord qu'elle
soit grevée de charges onéreuses pour le mineur
ou soumise à des conditions de nature à lui causer
préjudice. D'autre part, il y a à tenir compte du
côté moral de la donation, de certaines convenan-
ces qui pourraient mettre le mineur dans une
situation fausse envers le donateur. Enfin la donation entraîne pour le donataire l'obligation ali-
mentaire de l'art. 955, al. 3, C. civ. La disposition finale de l'art. 463 décide que la donation,
une fois acceptée pour le compte du mineur avec
les formalités requises, est définitive à l'égard du

1. Toutefois l'art. 915 accordant au père et à la mère et à
tout ascendant le droit d'accepter une donation pour son des-
cendant sans autorisation du conseil de famille fait échec à
l'art. 463 au cas où le père, la mère ou l'ascendant est tuteur
du mineur donataire.

2. On a cependant soutenu qu'il n'en est pas ainsi si le
tuteur est un ascendant, l'art. 915 ne reproduisant pas la deuxième partie de l'art. 463 (Demante et Colmet de Santerre,
t. III, n° 74 *bis*). Dans cette opinion, le donateur, afin d'assurer l'efficacité de la donation, aurait intérêt à exiger l'autorisation du conseil de famille.

mineur comme elle le serait à l'égard d'un majeur. Par cette disposition, la loi refuse implicitement au mineur la restitution pour lésion et, ce faisant, elle suppose qu'une lésion est possible pour le mineur, et c'est aussi pourquoi elle lui accorde la protection de l'autorisation du conseil de famille.

L'art. 935 au titre des « Donations et Testaments » dispose dans sa première partie que : « La donation devra être acceptée par le tuteur conformément à l'art. 463 ». Par le mot « devra » la loi impose seulement au tuteur l'obligation de n'accepter qu'en se conformant à l'art. 463, c'est-à-dire en se pourvoyant de l'autorisation du conseil de famille; mais, une fois autorisé, le tuteur est tenu d'accepter la donation et devient responsable du préjudice qu'il pourrait causer au mineur par son défaut d'acceptation.

Lorsqu'un tuteur a accepté une donation pour un mineur sans autorisation du conseil de famille, il a été jugé que la nullité est relative et n'est opposable que par le mineur après sa majorité (1); mais il a cependant été décidé en sens contraire que l'acceptation n'étant pas intervenue selon les formes requises, la donation est frappée d'une nullité absolue (2).

1. Metz, 27 avril 1824, S. chr.
2. Grenoble, 14 juillet 1836, S. 1839, 2, 259.

Faut-il assimiler aux libéralités entre vifs les libéralités testamentaires, ou décider que le tuteur peut accepter, sans l'autorisation du conseil de famille, les legs particuliers faits au mineur? Selon M. Laurent (1), le tuteur ne pourrait accepter un legs particulier échu au mineur qu'avec l'autorisation du conseil de famille. Il argumente de l'art. 461 qu'il déclare applicable ici, le mot « succession » qu'il renferme pouvant comprendre les successions *ab intestat* comme les successions testamentaires. M. Demante, qui adopte la même solution, ajoute qu'avant même qu'aucune attaque soit dirigée au nom du mineur, les débiteurs du legs pourraient opposer à l'action en délivrance dirigée contre eux par le tuteur une exception tirée du défaut d'autorisation.

Ce système a le tort, à notre sens, d'étendre la loi en dehors des cas qu'elle prévoit; il nous paraît plus juridique, conformément à une opinion fort accréditée, de laisser pleins pouvoirs au tuteur en vertu de son mandat général. Dans le silence du code, l'art. 463 doit être interprété littéralement, et comme cet article n'exige l'intervention du conseil de famille que pour l'acceptation d'une donation, il ne convient pas d'étendre sa disposi-

1. T. V, nos 73 et 82 ; voir aussi Huc, t. III, nos 437 et 440.

tion à l'acceptation d'un legs à titre particulier (1).
Nous disons d'un legs à titre particulier car, en
ce qui concerne les legs universels ou à titre universel, nous avons vu qu'ils sont assimilés aux
successions ab intestat.

La solution que nous venons de donner paraît
choquante au premier abord, car on n'aperçoit
guère de différence entre l'acceptation d'une donation et celle d'un legs à titre particulier; d'une
part, en effet, ces dispositions présentent ce trait
commun de ne pas entraîner charge de dettes, et
d'autre part, les mêmes inconvénients que nous
avons indiqués pour l'acceptation d'une donation
peuvent se présenter dans l'hypothèse d'un legs.
Mais, avec un peu de réflexion, on remarque que
la question d'acceptation présente un intérêt bien
moindre pour le legs que pour la donation. En
effet, au cas de donation, il importe au plus haut
point d'accélérer le moment de l'acceptation car
jusque là tout peut être rémis en l'état, soit par
le changement de volonté du donateur, soit par
son décès ou celui du mineur. Au contraire, dans
le cas d'un legs particulier, le légataire, dès le
décès du testateur, a un droit à la chose léguée.

1. Demolombe, t. VII, n° 703 et 708 ; Aubry et Rau, t. I.
§ 113, p. 447 et 448, note 11.

D'ailleurs presque tous les auteurs font une distinction selon que les legs particuliers sont grévés de charge ou non (1). Pour les legs particuliers grévés de charges, on est presque unanime à décider que l'autorisation du conseil de famille est nécessaire, vu le préjudice que leur acceptation peut causer au mineur. M. Demolombe qui admet, en principe, l'opinion que nous venons d'exposer, croit néanmoins devoir faire une distinction selon qu'il s'agit des tiers ou du conseil de famille. Il pense qu'à l'égard des tiers, c'est-à-dire les héritiers du testateur, les légataires universels ou autres débiteurs du legs particulier, le tuteur peut demander seul, sans aucune autorisation, la délivrance du legs lorsque son objet est mobilier, parce qu'il a le droit, en effet, d'intenter seul les actions mobilières du mineur. Mais, dans ses rapports avec le conseil de famille, il considère comme plus prudent pour le tuteur de se pourvoir de l'autorisation du conseil avant d'agir en délivrance du legs particulier.

Lorsque l'objet du legs particulier est un immeuble, on admet généralement que le tuteur

---

1. Cependant M. Duranton n'admet en aucun cas la nécessité de l'autorisation du conseil de famille pour l'acceptation d'un legs particulier.

ne peut demander la délivrance de ce legs qu'autorisé par le conseil de famille, conformément à l'art. 464, du C. civ. qui lui défend d'exercer seul les actions immobilières du mineur. M. Laurent toutefois repousse cette solution en disant que l'on confond ainsi l'action en délivrance avec l'action en revendication. Quand le legs, dit-il, est accepté et non contesté, la délivrance devient une tradition, or, une action qui tend à la mise en possession de la chose léguée ou donnée, n'est pas une action immobilière, car elle n'a pas pour objet un droit immobilier. Il suffit de répondre que, quand on demande la délivrance d'un legs, il ne s'agit pas seulement de la mise en possession des choses léguées mais en outre de l'approbation du legs, et par conséquent d'une transmission du titre de propriété.

Exercice des actions immobilières ou acquiescement à des actions de cette nature

Aux termes de l'art. 464 C. civ. : « Aucun tuteur ne pourra introduire en justice une action relative aux droits immobiliers du mineur, ni acquiescer à une demande relative aux mêmes droits sans l'autorisation du conseil de famille. » De la théorie que nous avons adoptée, laquelle consacre l'omnipotence du tuteur comme représentant général du mineur, il résulte que l'art. 464, n'imposant au tuteur l'autorisation du conseil de famille que pour l'introduction des demandes en justice relatives aux droits immobiliers et pour l'acquiescement aux mêmes demandes, et l'art. 465 C. civ., que nous étudierons plus loin, imposant au tuteur la même obligation pour provoquer un partage, toutes autres actions, spécialement les actions mobilières, peuvent être intentées par le tuteur seul (1). De là l'intérêt à distinguer les actions mobilières et immobilières, distinction qui présente certaines difficultés, mais dans le détail desquelles il ne nous appartient pas d'entrer (2).

On ne saisit qu'imparfaitement le motif juridi-

1. D'ailleurs la nécessité de l'autorisation dans l'hypothèse de l'art. 464 incombe aussi bien au survivant de père et mère qu'au tuteur étranger, Angers, 3 avril 1811, S. chr.

2. Il a été jugé que le tuteur peut poursuivre l'action qui, mobilière au début de l'instance, est, dans la suite, devenue immobilière : Rennes, 24 juillet 1810, S. chr.

Marc Juster   5

dique de la distinction faite par l'art. 464 C. civ. On dit souvent qu'il réside dans l'importance des droits immobiliers ; qu'il importe de ne les soumettre à l'aléa d'un litige que pour des motifs serieux que le tuteur devra soumettre à l'appréciation du conseil de famille. On a dit aussi qu'une aliénation pourrait résulter indirectement d'une décision judiciaire, soit par la mauvaise direction donnée au débat, soit par l'inopportunité même de la demande, ou par un accord frauduleux concerté d'avance pour arriver à une aliénation ; mais alors ne serait-il pas logique d'exiger l'homologation du tribunal ? En réalité cette disposition ne peut s'expliquer que par les idées traditionnelles du législateur sur la fortune immobilière et les garanties dont il convient de l'entourer.

Dans le silence de l'art. 464 C. civ. on ne saurait requérir l'autorisation du conseil de famille pour défendre à une action immobilière (1). La différence que la loi établit ainsi entre l'introduction des actions immobilières et la défense à ces actions n'est pas facile à justifier. On dit généra-

---

1. Nîmes, 2 juillet 1829, S. chr. cité infra p. 70. — Jugé que le tuteur n'a pas besoin de l'autorisation du conseil de famille pour défendre à une expropriation forcée dirigée contre les biens du mineur. Paris 19 prairial, an XII, S. chr.

lement qu'il est plus dangereux d'intenter une
action dont le résultat est douteux que de défendre à une pareille action, attendu que, toutes choses égales d'ailleurs, si le demandeur n'arrive
pas à faire la preuve, c'est le défendeur qui
triomphera ; que la défense est donc plus aisée et
nécessite ainsi moins de sûretés. M. Demolombe (1)
ajoute pour légitimer cette différence que les droits
du mineur sont débattus en justice et en présence
du ministère public (art. 83 et art. 480 C. proc. civ.);
mais ceci n'est-il pas vrai aussi pour la demande?

Toujours des termes de l'art. 464 C. civ. il ressort, par argument *a contrario*, que le tuteur n'a
pas besoin de l'autorisation du conseil de famille
pour reprendre ou suivre, au nom du mineur,
une instance relative à des droits immobiliers
précédemment introduite ; la loi dit en effet le
tuteur « ne pourra introduire ». Un arrêt de la
Cour de Bordeaux du 22 mai 1889 (2) se prononce
en ce sens. Il permet au tuteur, sans l'autorisation du conseil de famille, de reprendre une instance ayant pour objet des droits immobiliers,

1. T. VII, n° 711.
2. D. 1890, 2.284. V. aussi Metz 26 prairial, an XIII, S. chr.
Sic : de Fréminville, t. II, n° 617 ; Magnin, t. I, n° 694 ;
Demolombe t. VII, n° 712.

instance qui avait été régulièrement introduite par les auteurs du mineur avant l'ouverture de la tutelle et cela quel que soit l'état de la procédure.

Nous pensons que le tuteur ne peut, sans l'autorisation du conseil de famille, intenter une action tendant à affranchir les biens du mineur d'un droit de servitude, car une pareille action est immobilière et rentre par suite sous l'application l'art. 464 C. civ. On a soutenu cependant qu'une telle action est une défense dans l'intérêt du pupille et qu'elle ne constitue pas une demande proprement dite. Un arrêt de la Cour d'Orléans du 19 juin 1829 se prononce en sens contraire (1) : « Considérant que l'art. 464 C. civ. porte expressément qu'aucun tuteur ne pourra introduire en justice une action relative aux droits immobiliers du mineur, et qu'il s'agit bien ici de droits de cette nature, puisque la contestation a pour objet un droit de servitude....., etc. »

Un arrêt de la Cour de Bordeaux du 20 juin 1828 (2) donne la même solution pour l'action tendant au paiement de la mitoyenneté d'un mur appartenant au mineur, et décide que le tuteur ne pourra l'intenter qu'après autorisation.

1. S. 1832. 2. 447.
2. S. chr.

La Cour de Bourges s'est prononcée dans le même sens relativement à une action en rescision d'une vente pour cause de lésion (1).

De même l'action en réméré, étant réputée immobilière, ne peut être intentée par le tuteur que dûment autorisé. A plus forte raison le tuteur ne pourra que sous les mêmes conditions proroger le délai de la faculté de rachat au bénéfice d'un acheteur de l'immeuble appartenant au mineur (2).

Par contre nous avons vu que le tuteur peut, sans l'autorisation du conseil de famille, intenter les actions possessoires qui, quoique immobilières par leur nature, doivent être considérées comme ne compromettant pas le fond du droit en raison de leur caractère essentiellement conservatoire.

C'est une autre question controversée que celle de savoir si le tuteur, dûment autorisé par le conseil de famille à intenter une action immobilière, doit se munir d'une nouvelle autorisation pour interjeter appel. Si le tuteur était demandeur en première instance on s'entend à peu près à recon-

1. Bourges, 25 janvier, S. 1852, 2, 556.
2. Sic : Paris 6 ventôse an XII, S. chr. : *Contrà* : Riom 4 décembre 1822, S. chr. Il a été jugé que le tuteur peut faire seul des offres réelles tendant à l'exercice de la faculté de réméré attendu qu'il s'agit là d'un acte purement conservatoire. Cass. 5 déc. 1826, S. chr.

naître que l'appel, n'étant que la continuation de
la demande primitive et non une nouvelle instance,
le tuteur n'a pas besoin d'une seconde autorisation ; l'instance d'appel n'est qu'un accessoire à la
demande dont elle n'est qu'une des phases. La
Cour de Nîmes s'est prononcée en ce sens (1) par
les considérants suivants : « Attendu...., que si
aux termes de l'art. 464 C. civ., le tuteur ne peut
introduire en justice aucune action relative aux
droits immobiliers de son mineur, ni acquiescer
à une demande relative à ces droits, rien ne s'oppose soit à ce qu'il défende, sans cette autorisation,
aux actions qui seraient intentées à ce mineur,
soit à ce qu'il suive en appel, sans autorisation
nouvelle, l'action qu'il aurait été originairement
autorisé à introduire, puisque la prohibition de
la loi ne s'étend pas aux instances de cette nature ;
qu'ainsi, sous ce double rapport, et s'agissant
d'ailleurs d'une instance en partage ou une
mineure ne fait que répondre, la fin de non-recevoir opposée à l'appel relevé par son tuteur doit
être rejeté..., etc. » Nous croyons cette solution iné-
branlable au point de vue juridique ; il faut cependant mentionner l'opinion dissidente de certains

1. Nîmes 2 juillet 1829. S. chr.

auteurs qui s'opposent à ce que le tuteur, demandeur en première instance, puisse interjeter appel
sans être à nouveau autorisé par le conseil de
famille. Selon M. Laurent (1) le conseil de famille
peut sans doute accorder une autorisation générale
pour toutes les instances, vu le silence de la loi ;
mais il lui paraît plus juridique de n'accorder au
tuteur qu'une autorisation restreinte à la première
instance, et il estime que l'intérêt du mineur exige
une nouvelle autorisation que le conseil de famille,
éclairé par les débats du procès, donnera en con-
naissance de cause, ce qui aura pour conséquence
d'éviter au mineur les frais d'une instance d'appel
témérairement engagée.

Lorsque le tuteur était défendeur en première
instance on s'accorde presque unanimement à permettre au tuteur d'interjeter seul appel. Il est en
effet généralement reconnu que le tuteur peut
défendre seul à une action immobilière intentée
contre le pupille ; or, du moment qu'il défend
valablement seul le mineur, il peut aussi interjeter appel sans l'autorisation du conseil de famille,
car on ne voit pas pour quelle raison on le sou-
mettrait à cette obligation pour porter la défense
devant le second degré de juridiction alors qu'il

1. T. V, n° 83.

pouvait la porter valablement seul en première instance. La jurisprudence a consacré pleinement cette solution (1). La Cour d'Alger, dans un arrêt du 26 février 1866 maintenu par la Cour suprême par arrêt du 22 janvier 1868, s'exprime en ces termes : « Attendu que si, aux termes de l'art. 464, le tuteur a besoin d'une autorisation du conseil de famille pour introduire en justice une action relative aux droits immobiliers du mineur, il n'en est pas de même lorsque, ayant procédé comme défendeur à cette action, il interjette appel du jugement intervenu ; que l'appel n'introduit pas la demande, mais n'est qu'un moyen de continuer à y défendre.... ». « Attendu, dit de son côté la Cour de Caen dans un arrêt du 3 août 1872, que le droit de défendre à une action implique celui d'interjeter appel des jugements qui interviennent au cours de l'instance, parce que l'appel n'est que la continuation de la défense ; qu'enfin les pouvoirs du tuteur, étant déterminés par la loi elle-même, il ne saurait appartenir au conseil de famille de lui interdire l'exercice sous sa responsabilité des droits et actions qui lui appartiennent... » Bien que cet

1. Nîmes, 27 juillet 1829, S. chr. ; Cass. 17 nov. 1813, S. chr. ; Riom 10 mai 1855, S. 1856, 2, 1 ; Poitiers 28 nov. 1864, S. 1866, 2, 121 ; Alger, 26 février 1866, S. 1866,1,209 ; Caen 3 août 1872, sous Cass. 1er juillet 1873, S. 1874,1,17.

arrêt vise le cas d'un tuteur ayant défendu à une action en partage, il s'exprime en termes assez généraux pour être applicable à notre hypothèse. Quoi qu'il en soit, certains auteurs persistent à exiger l'autorisation du conseil de famille. M. Laurent justifie cette opinion en disant que le tuteur, défendeur en première instance, a besoin, s'il succombe, d'une nouvelle autorisation pour interjeter appel attendu qu'il devient alors demandeur, que sa position se trouvant changée par le fait de la décision judiciaire intervenue, le conseil doit donner son avis sur l'opportunité de la poursuite du procès. M. Taulier (1) soutient même que le conseil de famille ne pourrait pas, à l'avance, autoriser le tuteur à parcourir tous les dégrés de juridiction et doit se réserver les moyens d'apprécier, après la décision rendue, s'il convient de poursuivre le procès. A notre avis, que le tuteur ait été demandeur ou défendeur en première instance, il peut interjeter appel sans autorisation du conseil de famille ; tout au plus, avec M. Demolombe, pourrait-on reconnaître au conseil de famille le droit de retirer son autorisation après la décision judiciaire et de faire notifier sa nouvelle délibération au tuteur et à la partie adverse (2).

1. T. II, p. 72.
2. Demolombe, t. VII, n° 713.

Quant au pourvoi en cassation, le règlement du 28 juin 1738 déclare, dans son article 28, que le pourvoi, au nom d'un incapable, doit être formé par son représentant légal, le tuteur dans notre hypothèse. Mais celui-ci doit-il préalablement être autorisé par le conseil de famille ? Nous croyons que cette autorisation lui est nécessaire dans tous les cas à cause de la nature toute exceptionnelle de cette voie de recours. Toutefois MM. Aubry et Rau font une distinction selon qu'il s'agit de droits mobiliers ou immobiliers, exigeant seulement en ce dernier cas l'autorisation du conseil de famille.

La fin de non-recevoir résultant de ce que le tuteur a introduit, au nom du mineur, une action immobilière sans l'autorisation du conseil de famille ou de ce qu'il a interjeté appel sans cette autorisation dans l'opinion de ceux qui la croient nécessaire, ou enfin de ce qu'il s'est pourvu en cassation sans être préalablement autorisé, peut être invoquée devant le tribunal par le défendeur sous forme d'exception dilatoire (1). Cette irrégularité

---

1. Cass. 5 janvier 1859, S. 1859,1,35. Mais il a été jugé que la nullité résultant du défaut d'autorisation, dans l'hypothèse de l'art. 464, n'est que relative. Bordeaux 28 août 1833, S. 1834,2,204 ; Cass. 22 janv. 1868. S. 1869,1,209 ; *Sic* : Marcadé, sur l'art. 464 ; Boileux, t. II, p. 436.

de procédure peut d'ailleurs être effacée par une autorisation postérieure du conseil de famille (1).

L'art. 464 après avoir défendu au tuteur, dans sa première partie, d'introduire une demande relative aux droits immobiliers du mineur lui interdit également, dans sa partie finale, d'acquiescer à une demande intentée contre le mineur relative aux mêmes droits sans l'autorisation préalable du conseil de famille (2). Si le tuteur ne se pourvoit pas de l'autorisation exigée, le mineur pourra demander la nullité du jugement intervenu à la suite de l'acquiescement.

De l'acquiescement il convient naturellement de rapprocher le désistement sur lequel le code ne s'est pas expliqué. Et d'abord remarquons la différence qui existe entre ces deux actes juridiques ; l'acquiescement a toujours en vue le fond du droit;

1. Orléans 8 prairial an XII, S. chr. ; Bourges, 25 janvier 1832, S. 1832,2,556. *Sic* : Massé et Vergé sur Zachariæ, t. I, § 222, p. 443, note 10. Décidé que l'autorisation du conseil de famille accordée au tuteur sur l'appel du jugement par lui obtenu sans autorisation suffit pour régulariser son action et couvre le vice de la procédure antérieure : Cass. 27 mars 1855, S. 55,1,702.

2. D'ailleurs les conclusions par lesquelles un tuteur déclare s'en rapporter à justice dans une contestation portant sur les droits immobiliers du mineur ne peuvent être considérées comme un acquiescement. Cass. 24 juillet 1888. S. 90, 1, 401.

le désistement, au contraire, se rapporte tantôt à la procédure seulement, c'est-à-dire à l'instance engagée. tantôt au fond du droit.

En ce qui concerne le désistement à l'instance, nous pensons que le tuteur peut le faire sans l'autorisation du conseil de famille, que l'on soit en matière mobilière ou immobilière. Ce désistement, en effet, n'emporte aucune renonciation aux droits pour lesquels on avait engagé l'instance ; il ne fait qu'éteindre cette instance ; les droits appartenant au mineur restent entiers et rien n'empêche le mineur de renouveler la demande relative à ces droits. On a dit cependant que le tuteur, qui ne peut introduire une demande relative à des droits immobiliers qu'avec l'autorisation du conseil de famille, doit remplir les mêmes conditions pour se désister d'une pareille demande ; ensuite, même en matière mobilière, on a prétendu qu'une fois l'instance ouverte le défendeur a un droit acquis à une décision judiciaire et qu'il ne convient plus de laisser le tuteur juge unique des intérêts du mineur et qu'il faut lui imposer l'avis du conseil de famille qui seul pourrait ordonner le désistement. La cour de cassation a rejeté cette doctrine par arrêt du 21 nov. 1849 (1) : « Attendu

1. S. 1849, 1,757.

que le demandeur pouvait, sans autorisation, se désister d'une instance introduite par lui sans y avoir été autorisé ; que, par un pareil désistement, il n'a éteint que l'instance, et n'a renoncé à aucun droit appartenant à son pupille ; qu'il aurait pu, à la vérité, introduire une instance nouvelle aux mêmes fins, etc... ».

Quant au désistement qui porte sur le fond du droit ou qui aurait pour conséquence d'empêcher l'exercice ultérieur de l'action, nous estimons que le tuteur n'a pas qualité pour le faire, même autorisé par le conseil de famille. Un pareil désistement ne serait, ni plus ni moins, qu'une renonciation aux droits appartenant au mineur, donc une aliénation pour laquelle il faudrait, outre l'autorisation du conseil de famille, l'homologation du tribunal conformément à l'art. 457 C. civ. En l'absence des ces formalités, le désistement ne serait donc pas opposable au mineur.

Le tuteur peut-il se désister d'un appel qu'il a formé dans une instance où il a représenté le mineur ? Distinguons : s'agit-il d'un appel dans une instance où il a figuré au nom du mineur comme demandeur, la question est controversée. La cour de cassation, par arrêt du 10 janvier 1894 (1)

1. S. 1895, 1, 81. Voir aussi Limoges, 27 mars 1895. S. 1896,

a admis le tuteur à se désister avec l'autorisation du conseil de famille, mais bien des auteurs se refusent à se ranger à cette doctrine attendu qu'un pareil désistement équivaudrait à une renonciation aux droits du mineur. S'agit-il d'un appel dans une instance où le tuteur a figuré au nom du mineur comme défendeur, il faut alors sous-distinguer selon qu'on se trouve en matière mobilière ou en matière immobilière, et si l'on admet que le tuteur peut se désister dans un cas comme dans l'autre de l'appel interjeté, on exige en outre, en matière immobilière, l'autorisation préalable du conseil de famille. Dans cette hypothèse, en effet, le désistement équivaut à un acquiescement et tombe en conséquence sous l'empire de l'art. 464 c. civ. (1).

A propos de l'acquiescement et du désistement s'est élevée la question de savoir si l'autorisation du conseil de famille doit nécessairement être

2,175 ; *Contrà*, Aubry et Rau, t. I p. 467 § 115 texte et note 24 ; Laurent t. V, n. 86 *in fine*.

1. Douai, 17 janvier 1820, S. chr. ; Limoges, 22 avril 1839, D. 39,2,521 ; Cass. 17 mars 1868, D. 1869,1,284 ; *Sic* : Rolland de Villargues v° tutelle n. 222 ; Magnin n. 692 ; Carré et Chauveau, n. 1452 ; Demolombe t. VII n. 684. — La Cour d'Agen par arrêt du 15 déc. 1844 (S. 1845,2,229) a, au contraire, décidé que le tuteur peut, alors même qu'il s'agit de droits immobiliers, se désister sans l'autorisation du conseil de famille d'un appel par lui interjeté.

préalable où s'il ne suffirait pas d'une autorisation postérieure. A la différence des articles 461 et 467, l'art. 464 n'exige pas que l'autorisation précède l'acquiescement ou le désistement ; de plus l'art. 464 place sur la même ligne l'introduction d'une action en justice et l'acquiescement, or, nous avons vu que quand il s'agit d'une action en justice la validité d'une autorisation postérieure est reconnue par la jurisprudence (1). Quoi qu'il en soit les Chambres réunies de la Cour de Cassation se sont prononcées en sens contraire et ont décidé que l'autorisation nécessaire au tuteur pour acquiescer à une demande concernant les droits immobiliers d'un mineur n'est valable et ne garantit efficacement les intérêts de l'incapable qu'autant qu'elle précède l'acquiescement ; que la même règle est applicable au désistement d'appel ; d'une façon générale que si la règle de l'autorisation préalable comporte une exception dans le cas où l'acte passé par le tuteur a pour objet de conserver les droits de l'incapable, elle doit être rigoureusement maintenue toutes les fois que, comme dans le cas d'acquiescement et de désistement d'appel, l'acte est de nature à compromettre ses droits (2).

1. V. en ce sens : Limoges 27 mars 1895, S. 96,2,175.
2. Cass., 22 mars 1897, S. 97,1,307. V. aussi Cass., 10 janv. 1894, S. 95,1,81.

Action en partage.

L'art. 465 C. civ. dispose que : « La même autorisation (du conseil de famille) sera nécessaire au tuteur pour provoquer un partage (1) ; mais il pourra, sans cette autorisation, répondre à une demande en partage dirigée contre le mineur ». Quelle que soit la source de l'indivision, succession, communauté entre époux, ou société, quel que soit son objet, meubles ou immeubles, le tuteur ne pourra provoquer le partage sans être autorisé au préalable par le conseil de famille (2).

La loi distingue selon qu'il s'agit de provoquer un partage au nom du mineur, ou de défendre à une action en partage dirigée contre lui, et n'exige l'autorisation du conseil de famille que dans le

1. Peu importe que le tuteur de l'enfant soit un de ses parents, Cass. 1 février 1892, S. 93,1,253. — Néanmoins il a été jugé que l'autorisation du conseil de famille n'est point nécessaire à la mère tutrice de son enfant naturel pour intenter une action en partage, Riom, 13 juin 1871, S. chr.

2. Jugé d'ailleurs qu'une autorisation postérieure peut couvrir le vice initial, Bruxelles, 4 juillet 1811, S. chr.

premier cas. C'est que d'après la règle générale
formulée par l'art. 815 C. civ. : « Nul ne peut être
contraint à demeurer dans l'indivision, et le partage
peut toujours être provoqué nonobstant prohibi-
tions et conventions contraires ». En conséquence,
une fois actionné en partage, le tuteur est obligé
de défendre et, n'ayant aucun choix à exercer, on
conçoit que la loi ne lui impose pas l'autorisation du
conseil de famille (1). D'ailleurs on comprend qu'il
peut y avoir avantage pour le mineur à provoquer
de suite un partage ou, à l'inverse, de continuer
à rester dans l'indivision (2) ; or, cette question
pouvant être délicate, la loi n'a pas voulu permettre au tuteur de la résoudre sans avoir consulté
le conseil de famille. Beaucoup d'auteurs donnent
à la disposition de l'art. 465 un autre motif ; la
raison d'être de l'autorisation du conseil de famille
serait que le partage constitue un acte d'aliénation.

1. De ce que le tuteur a le droit de répondre à une demande
en partage il résulte qu'il a le droit de prendre toutes conclusions commandées par l'intérêt du mineur, quand même ces
conclusions se traduiraient par des renonciations ou concessions faites au copartageant. Cass., 28 oct. 1885. S. 89. 1. 13.

2. Spécialement le partage provoqué pendant la minorité ne
pouvant, comme nous le verrons, être fait qu'en justice, il peut
y avoir grand intérêt pour un mineur à rester dans l'indivision
pour épargner les frais considérables et les inconvénients divers
du partage en justice.

A notre avis cette solution serait peut-être la meilleure au point de vue théorique, mais elle n'a pas été sanctionnée par le Code civil qui considère dans l'art. 883 le partage comme déclaratif et non comme translatif de propriété.

Si l'indivision existe entre le mineur et le tuteur c'est le subrogé tuteur qui a qualité pour provoquer la délibération du conseil de famille préalable à l'exercice de l'action en partage (1).

Comme au cas de partage c'est toujours au tuteur, en vertu ne son mandat général, à representer le mineur, il en résulte que, si dans le même partage il y a plusieurs mineurs relevant du même tuteur, il faudra les pourvoir chacun d'un tuteur *ad hoc* (art. 838 al. fin.).

Aliénation des meubles incorporels lorsque leur valeur ne dépasse pas 1.500 francs.

La nécessité d'une autorisation du conseil de famille pour la vente des meubles incorporels du mineur

1. Cass. 15 mai 1878. D, 79. 1. 40.

a été créée par la loi du 27 février 1880. Cette autorisation est suffisante quand il s'agit de l'aliénation de meubles dont la valeur ne dépasse pas
1.500 fr. d'après l'appréciation du conseil de famille.
Pour ne pas scinder en deux parties ce qui a trait
à l'aliénation des valeurs mobilières du pupille
nous renvoyons l'étude de cette disposition au
paragraphe suivant où il sera alors traité d'une
façon générale de l'aliénation des valeurs mobilières
du pupille.

§ 2.

Des actes pour lesquels l'autorisation du con-
seil de famille et l'homologation du tribunal
sont nécessaires et suffisantes.

Les actes qui rentrent dans cette catégorie
engageant davantage l'avenir, ou pouvant préjudicier plus sérieusement au mineur, ont été soumis
à une surveillance spéciale, celle du tribunal qui
vient s'adjoindre à la vigilance du conseil de
famille.

L'art. 457, C. civ., vise les actes de cette espèce :
« Le tuteur, même le père ou la mère, ne peut
emprunter pour le mineur, ni aliéner ou hypothé-
quer ses biens immeubles, sans y être autorisé
par un conseil de famille. Cette autorisation ne
devra être accordée que pour cause d'une nécessité absolue ou d'un avantage évident ». Et
l'art. 458 continue : « Les délibérations du conseil
de famille relatives à cet objet ne seront exécutées
qu'après que le tuteur en aura demandé et obtenu
l'homologation devant le tribunal de première
instance qui y statuera en la chambre du conseil
et après avoir entendu le procureur de la République ». Trois actes sont ainsi soumis à l'autorisation du conseil de famille et à l'homologation du
tribunal : l'emprunt, l'aliénation des immeubles,
l'hypothèque. Depuis la loi du 27 février 1880 il
faut y joindre l'aliénation des meubles incorporels
d'une valeur supérieure à quinze cents francs.

Avant d'examiner chacune de ces hypothèses, il convient de faire observer préalablement,
d'abord que les actes dont il sera question ne sauraient être autorisés que pour cause d'une nécessité absolue ou d'un avantage évident, ensuite que
le tribunal qui aura, comme le conseil de famille,
à se prononcer à cet égard, examinera l'affaire en

chambre du conseil puisqu'il fera acte de juridiction gracieuse et non contentieuse ; la publicité
pourrait en outre nuire aux intérêts du mineur
en révélant sa situation. D'ailleurs le ministère
public interviendra pour donner ses conclusions
et l'appel pourra toujours être interjeté contre le
jugement.

Emprunt.

L'emprunt est un acte vers lequel on est trop
souvent enclin à se laisser entraîner et qui peut
causer la ruine de celui qui l'a contracté ; aussi
comprend-on que la loi ne l'ait permis qu'avec
une autorisation du conseil homologuée par le
tribunal, et cela quelle que soit l'importance de
l'emprunt à réaliser.

Nous disons qu'il faut l'homologation du tribunal. Néanmoins, il faut savoir qu'on a prétendu,
en argumentant des mots : « relatives à cet objet »
de l'art. 458 que l'homologation du tribunal n'est
nécessaire que pour l'aliénation dont l'article précédent parle en dernier lieu, et que l'emprunt et

l'hypothèque n'en ont pas besoin (1). L'argument nous semble des plus faibles et nous croyons qu'on restreint arbitrairement la partie de l'article 458. L'art. 457 soumet à la même règle les trois actes qu'il réunit dans une seule et même disposition, et l'art. 458 par les mots « à cet objet » se réfère évidemment à l'objet entendu selon la disposition de l'art. 457, c'est-à-dire comprenant l'emprunt, l'aliénation et l'hypothèque. On pourrait d'ailleurs, si besoin était, fortifier notre opinion par un argument tiré de l'art. 483 qui applique la même règle, à savoir l'autorisation du conseil homologuée par le tribunal, pour l'emprunt fait par un mineur émancipé ; *a fortiori* doit-il en effet falloir l'homologation du tribunal pour l'emprunt contracté au nom d'un mineur non émancipé !

Nous avons dit que la loi exige pour l'emprunt la preuve d'une nécessité absolue ou d'un avantage évident. Pour permettre l'observation de cette prescription, l'art. 457, C. civ., décide que « le conseil de famille n'accordera son autorisation

---

1. Selon Toullier, t. II, n° 1223, le tuteur peut emprunter avec la seule autorisation du conseil de famille, et l'homologation ne serait exigée qu'autant que le tuteur consentirait une hypothèque pour suite de l'emprunt.

qu'après qu'il aura été constaté par compte sommaire présenté par le tuteur que les deniers,
effets mobiliers et revenus du mineur sont insuffisants ». Quand y aura-t-il, en fait, nécessité
absolue ou avantage évident? Le Code ne nous
renseigne pas à ce sujet, mais les travaux prépa-
ratoires peuvent nous donner une indication. Le
projet de Code civil contenait un article 56
(actuellement l'art. 457) qui limitait à un nombre
restreint les cas où l'autorisation de faire un
emprunt pouvait être accordée, savoir : pour le
payement d'une dette onéreuse et exigible, pour
des réparations d'une nécessité urgente, pour procurer au mineur une profession ou un établisse-
ment avantageux. Or, cette énumération a disparu
de la rédaction définitive, sans aucun doute pour
laisser au conseil de famille et au tribunal un pouvoir d'appréciation plus large en vertu duquel ils
pourront statuer sur les causes de nécessité absolue ou d'avantage évident.

Même ainsi atténuée, la règle posée par le législateur pèche peut-être par un excès de prévoyance;
en effet, il y a des emprunts qui rentrent par leur
peu d'importance dans les actes d'administration
et qu'on aurait pu permettre au tuteur d'accomplir seul sans formalités.

Quoi qu'il en soit, le Code exige, pour autoriser
l'emprunt, une nécessité absolue ou un avantage
évident. Il n'y aurait pas nécessité absolue s'il
n'était pas prouvé que les biens meubles et revenus du mineur sont insuffisants pour satisfaire
aux besoins qui nécessitent l'emprunt. Contrairement à un arrêt de la Cour de Bordeaux du
17 mars 1843 (1), M. Demolombe pense que cette
condition devrait être remplie, lors même que
l'emprunt aurait pour but de préserver d'expropriation forcée un immeuble du mineur (2).

Les termes de l'art. 457 sont absolus et ne font
aucune distinction entre les diverses causes qui
peuvent rendre un emprunt nécessaire. Cependant, certains auteurs ont prétendu que l'homologation du tribunal, ou même l'autorisation du
conseil de famille, ne serait pas nécessaire dans
deux cas : pour payer une dette certaine et exigible, pour rembourser une dette hypothécaire et
exigible avec subrogation au profit du prêteur.
Nous croyons, au contraire, que, même dans ces
deux cas, l'autorisation du conseil homologuée
par le tribunal est nécessaire pour établir la nécessité et régler les conditions de l'emprunt. Il n'est

1. S. 1843, 2. 424.
2. Demolombe, t. VII, n. 728.

pas exact de dire que l'emprunt qui sert à éteindre une dette certaine et exigible ou une dette hypothécaire avec subrogation ne change en rien la situation du mineur ; car il se peut que les nouvelles conditions soient plus onéreuses que celles du premier emprunt. Et même si l'emprunt contracté par le tuteur seul au nom du mineur lui est favorable en ce sens, par exemple, que le taux d'intérêts sous lequel il a été consenti soit inférieur à celui de la dette qu'il a servi à éteindre, nous croyons néanmoins que l'emprunt est entaché de nullité quoique le mineur n'ait aucun intérêt à le critiquer. Il pourra même arriver que le prêteur, s'étant fait subroger aux droits de l'ancien créancier (art. 1250, al. 2), les autres créanciers du mineur contestent la validité de la subrogation intervenue.

Le conseil de famille, en autorisant l'emprunt, peut régler les conditions dans lesquelles il devra avoir lieu, fixer notamment à quel taux il pourra être consenti, pour combien d'années, etc. Mais il ne pourrait pas imposer au prêteur l'obligation de surveiller l'emploi des fonds qu'il a avancés, car cette prescription serait contraire à l'art. 6 de la loi du 27 février 1880.

Aliénation des immeubles.

On sait combien la loi française, sous l'influence des idées anciennes, veille avec sollicitude à la conservation des immeubles. Elle ne devait évidemment pas laisser le tuteur seul juge de l'opportunité d'un acte aussi grave que l'aliénation d'un immeuble. Nous rappelerons que déjà le droit romain, par un senatus-consulte célèbre de Septime Sevère, avait interdit au tuteur d'aliéner les *prœdia rustica vel suburbana* de leurs pupilles, sauf dans certains cas exceptionnels, d'une façon générale quand l'aliénation avait une cause nécessaire, et moyennant une sentence du juge (1).

De même qu'en droit romain il fallait entendre l'expression « aliénation » dans un sens large, de même l'art. 457 doit être entendu sans restriction. Il prévoit tous les modes d'aliéner, soit de la pro-

---

1. En droit musulman, la vente des biens même immobiliers d'un mineur peut être faite sans l'observation d'aucune forme légale tant par les tuteurs du mineur que par le cadi ; Cass., 14 mai 1888, S. 89, 1, 221.

priété, soit des autres droits immobiliers, comme la constitution d'un usufruit, d'un droit d'usage ou d'habitation, ou d'une servitude grevant l'immeuble appartenant au mineur, la renonciation à une servitude active, la prorogation du délai fixé pour l'exercice d'un réméré ; etc.

Néanmoins certains auteurs estiment que les art, 457 et 458 ne s'appliquent pas à l'échange et qu'en conséquence le tuteur, même avec une autorisation homologuée, ne pourra échanger un immeuble appartenant au mineur. Cette doctrine se base sur l'art. 459 qui, renfermant des dispositions toutes spéciales visant les formes dans lesquelles doit être faite la vente, exclut, dit-on, par cela même l'échange. Il paraît difficile de souscrire à cette opinion qui aboutirait à rendre l'échange impossible ; or, l'échange peut être souvent avantageux pour le mineur ; celui-ci peut avoir un intérêt réel d'échanger son immeuble contre un autre mieux approprié ou mieux situé que le sien ; d'ailleurs la loi se montre certainement moins exigeante pour l'échange que pour la vente, c'est ainsi qu'elle autorise l'échange des immeubles dotaux. Pour quelle secrète raison en serait-il autrement dans notre matière ?

Les art. 457 et 458 ne s'appliquent évidemment

qu'aux ventes volontaires, ils laissent sous l'empire du droit commun les ventes forcées.

Rentre d'abord dans cette dernière catégorie : la vente requise par les créanciers du mineur. Lorsque les créanciers du mineur poursuivent l'expropriation forcée de ses immeubles, les formes de cette vente sont réglées par les articles 673 et suivants du code de procédure civile. Le seul avantage que lui accorde l'art. 2206 C. civ., c'est la discussion préalable du mobilier et encore cette faveur est écartée par l'art. 2207 dans certaines hypothèses. On comprend que le législateur ait fait en ce cas exception à son principe ; il est inutile en effet de demander au conseil de famille une autorisation qu'il ne saurait refuser effectivement.

La loi du 3 mai 1841 présente une deuxième exception relative encore à une vente forcée. Aux termes de l'art. 13 de cette loi, le tuteur peut accepter les offres faites par l'administration et consentir l'aliénation à l'amiable sans l'avis du conseil de famille homologué par le tribunal (1). La raison de cette disposition est la même que précédemment.

1. V. aussi l'art. 4 de la loi du 21 juin 1865 sur les associations syndicales.

Enfin il n'y aura pas encore à requérir l'autorisation du conseil de famille ni l'homologation du tribunal en cas de licitation demandée contre le mineur, attendu que nul n'est tenu de rester dans l'indivision et que la licitation peut quelquefois être le seul moyen de sortir de l'indivision.

Mais l'autorisation du conseil de famille et l'homologation du tribunal sont-elles nécessaires au tuteur pour poursuivre la licitation d'immeubles appartenant au mineur ?

Deux systèmes sont en présence.

Certains auteurs adoptent l'affirmative. Il considèrent d'abord les art. 457 et 458 comme applicables, en règle générale, à toutes les aliénations concernant les immeubles des mineurs ; or, dit-on, l'art. 460 déroge à cette règle en maintenant, au profit des copropriétaires par indivis du mineur, le droit que leur accorde l'art. 815 de ne pas rester dans l'indivision, et comme cette exception ne peut être étendue en dehors des cas qu'elle prévoit, on peut tirer un argument *a contrario* fort probant de l'art. 460, ce qui conduit à cette solution qu'il faut appliquer le droit commun en matière d'aliénation d'immeubles appartenant aux mineurs, c'est-à-dire l'autorisation du conseil de famille homologuée par le tribunal. On ajoute que c'est à tort qu'on assimilerait la licitation au partage ; le partage a toujours pour effet de rendre le mineur propriétaire en nature d'un lot de biens indivis ayant une valeur proportionnelle à ses droits ; tandis qu'au contraire la licitation a pour effet de substituer aux immeubles de l'indivision, sauf le cas où il se rend lui-même adjudicataire, un capital mobilier; on change donc ainsi la composition de la fortune du mineur ce qui peut lui causer un préjudice. Enfin, suivant ces auteurs, il ne serait pas exact de dire que l'homologation fait double emploi avec le jugement ordonnant la licitation, puisque dans ce dernier cas le tribunal s'occupe seulement de la question de savoir si vraiment l'immeuble est impartageable en nature; tandis que pour l'homologation il a en vue l'opportunité de l'introduction de la demande par le tuteur (1).

Nous nous rallions au contraire à l'opinion qui enseigne que l'autorisation du conseil de famille suffit. En matière de partage c'est en effet le conseil de famille qui s'occupe des intérêts du mineur et non le tribunal ; donc l'autorisation émanée du conseil n'a pas besoin d'être homologuée. Il faut

1. V. en ce sens, Cass. 29 juin 1880, D. 80.1. 161.

assimiler au partage la licitation qui a également
pour but de faire cesser l'indivision quand le
partage en nature est impossible ; on ne com-
prendrait pas que la licitation soit entourée de
garanties particulières. Les art. 457, 458, exigent
l'homologation du tribunal pour les aliénations
volontaires seulement, et ils enseignent même que
le conseil de famille ne doit autoriser la vente que
pour cause de nécessité absolue ou pour avantage
évident, or la licitation est une vente forcée à
cause de l'impossibilité ou des inconvénients qu'on
éprouve à procéder à un partage en nature. Le
tuteur n'étant donc pas soumis aux règles des art.
457, 458 peut, en vertu de son omnipotence, faire
tout ce que la loi ne lui interdit pas et, par conséquent, l'argument *a contrario* qu'on tire de l'art.
460, qui affranchit des formalités requises par la
loi pour les aliénations la licitation provoquée
par un copropriétaire par indivis, ne prouve rien.
Au reste la demande en licitation intentée par le
tuteur au nom du mineur peut-être considérée
comme une action immobilière, et on sait que ces
actions peuvent être introduites avec la seule autorisation du conseil de famille conformément à l'art.
464 C. civ. Il est vrai que la licitation implique une
aliénation, mais c'est aussi l'effet de tout partage

qui entraîne également une aliénation de la part
de chacun des copartageants, la fiction de l'art.
883 qui considère le partage comme déclaratif
de propriété s'applique également à la licitation
quand l'immeuble est adjugé à l'un des copropriétaires (1).

Il n'existe pas d'autres exceptions à la règle des
art. 457 et 458 en dehors des trois que nous venons
de mentionner. Ainsi il a été jugé que le tuteur
ne peut vendre un immeuble du mineur sans
remplir les formalités exigées par les art. 457 et s.
Civ. et que la vente ainsi passée est nulle, alors
même que le tuteur est copropriétaire par indivis
du mineur (2).

Si nous examinons maintenant les conditions
auxquelles est subordonnée l'aliénation des immeubles nous rappelerons qu'elle ne peut avoir lieu
qu'en cas de nécessité absolue ou d'avantage
évident ; qu'ensuite cette nécessité doit être jus-
tifiée par le tuteur, devant le conseil de famille, en
présentant un compte sommaire des effets mobiliers et des revenus que possède le mineur, compte
duquel il résulte que ces biens sont insuffisants et

---

1. V. en ce sens, Bordeaux 23 août 1870. D, 71. 2. 143.
2. Chambery 28 juil. 1884, D. 86. 2. 36.

que par suite l'aliénation s'impose. D'après l'art. 457
in fine, le conseil de famille a le droit d'indiquer
quels immeubles devront être vendus de préférence
et de déterminer les conditions sous lesquelles il
autorise l'aliénation. Enfin, d'après l'art. 953 Code
proc. civ. tel qu'il a été modifié par la loi du
2 juin 1841, on impose au conseil de famille l'obligation de spécifier la nature des biens à vendre
et leur valeur approximative.

En ce qui concerne l'homologation du tribunal,
la première question qu'il convient de trancher
est celle de la compétence. A cet égard, il nous
semble que le tribunal compétent est celui du
siège de la tutelle et non celui de la situation des
biens ; ce dernier tribunal pourrait ordonner seulement la licitation d'un immeuble impartageable appartenant par indivis à un mineur, mais
nous avons repoussé, dans cette hypothèse, la
nécessité d'une homologation. L'art. 458 dispose
que le tribunal, saisi de la demande en homologation, statue en la chambre du conseil et après
avoir entendu le procureur de la république, ce
qui constitue une garantie pour le mineur. Le
rapport (art. 883 code proc. civ.) par un juge
commis, doit également être fait en chambre du
conseil, ce qui constitue une exception à la règle

établie par l'art. 111 du code procédure civile,
lequel décide que tout rapport se fait à l'audience
publique.

Le tribunal peut modifier les conditions de la
vente arrêtées par le conseil de famille attendu
que celui-ci ne donne sur ce point que des indications (art. 458), mais il ne peut ordonner d'office
la vente d'immeubles que le conseil a jugé oppor-
tun de conserver, l'art. 452 Cod. proc. civ., don-
nant compétence exclusive au conseil de famille.

Enfin, aux termes de l'art. 459, « la vente se
fera publiquement, en présence de subrogé tuteur,
aux enchères qui seront reçues par un membre
du tribunal civil de première instance, ou par un
notaire à ce commis, et à la suite de trois affiches
apposées, par trois dimanches consécutifs, aux
lieux accoutumés dans le canton. Chacune de ces
affiches sera visée et certifiée par le maire des
communes où elles auraient été apposées ». Cet article a été modifié par les art. 959 et s. du Code procédure en ce sens qu'une seule affiche suffit désormais. La jurisprudence est indécise sur le point
de savoir quand il y a lieu à la vente des immeu-

1. Cass. 17 déc. 1867, D. 67, 1. 482, *Contrà* Laurent, t. V,
n° 88.

bles du mineur devant notaires et quand, au contraire, il y a lieu de procéder à la licitation devant
un membre du tribunal. D'après une première
opinion, la vente des biens immeubles du mineur
doit se faire devant notaires lorsque le tuteur et
le conseil de famille sont d'accord pour le demander, et les juges ne peuvent repousser cette demande qu'en indiquant les motifs précis de leur
décision ; ils ne pourraient pas indiquer vague-
ment les avantages que présenterait la vente des
immeubles devant un membre du tribunal en se
basant par exemple sur l'importance des immeubles à vendre (1). Un autre système enseigne, au
contraire, que les ventes sur licitation des biens
immeubles du mineur doivent se faire à l'audience
des criées du tribunal et qu'exceptionnellement
seulement elles pourront avoir lieu devant notaires
si les circonstances de fait, tels que l'éloigne-
ment des immeubles du lieu où siège le tribunal,
ou leur peu d'importance, font croire que leur
vente sera plus avantageuse devant un notaire
commis sur les lieux de la situation des biens (2).
La cour de cassation tranche la question en déci-

1. Grenoble, 21 juin 1859, S. 60, 2, 417.
2. Lyon, 17 déc. 1874, S. 76, 2, 16.

dant que les tribunaux sont investis d'un pouvoir discrétionnaire pour ordonner la vente des biens immeubles du mineur devant la barre du tribunal ou devant un notaire à ce commis (1). La plupart des auteurs se rangent à cette opinion. Les tribunaux, ayant toute latitude, ne sont point tenus de motiver leur décision, ils prennent toujours en considération l'intérêt des parties et surtout du mineur.

Mais les tribunaux peuvent-ils autoriser la vente d'un immeuble appartenant au mineur sans affiches et sans enchères dans le cas, bien entendu, où ils estimeraient que l'intérêt du mineur le réclame ? nous pensons qu'une pareille exception aux art. 457, 458 ne doit pas être admise car elle engendrerait une source d'abus considérables. La pratique cependant arrive, par une voie détournée, à déroger aux formalités requises par la loi, en faisant procéder à la vente par le tuteur seul, lequel se porte fort pour le mineur.

Le subrogé-tuteur doit être appelé à la vente des immeubles du mineur et ce à peine de nullité, laquelle pourra être invoquée par le mineur seul et non par l'adjudicataire.

1. Cass. 20 janv. 1880, S. 80, 2, 209 ; Paris, 27 juil. 1888, D. 88, 5, 532.

Hypothèque.

L'hypothèque d'un immeuble du mineur, constituant une aliénation partielle, un démembrement de la propriété, n'est permise au tuteur qu'avec une autorisation du conseil homologuée par le tribunal. La loi défend au tuteur de consentir une hypothèque même sans emprunter ; c'est ainsi que le tuteur ne pourrait pas constituer une hypothèque au profit d'un ancien créancier pour obtenir de lui un terme ou quelque autre concession.

Lorsqu'un tuteur contracte un emprunt au nom du mineur sans se munir au préalable de l'autorisation du conseil et constitue également une hypothèque sur les biens du mineur pour garantir cet emprunt, on décide généralement que l'hypothèque ainsi constituée ne vaut même pas jusqu'à concurrence du profit que le mineur aurait tiré de l'emprunt ; le mineur ne serait tenu dans la mesure de ce profit que par une simple obligation personnelle. Le mineur dit-on, n'est pas tenu alors en vertu d'un contrat pour lequel il aurait été dûment représenté par son tuteur, car celui-ci a outrepassé ses pouvoirs ; il est tenu en quelque sorte par la loi (*ex lege*) conformément au principe d'équité qui ne permet à personne de s'enrichir aux dépens d'autrui, or la loi ne prévoit nulle part une garantie hypothécaire pour ce genre d'obligation (1).

L'hypothèque ne peut être autorisée que pour les besoins personnels du mineur. C'est ainsi qu'un père ne pourrait être autorisé à contracter un emprunt pour son compte et à conférer une hypothèque, pour garantie de cet emprunt, sur un immeuble appartenant au mineur (2). D'une façon plus générale le conseil de famille ne pourrait pas autoriser la constitution d'une hypothèque sur les immeubles du mineur au profit du créancier d'un tiers et dont ce tiers serait le seul débiteur puisqu'il y aurait là une sorte de cautionnement réel, c'est-à-dire un contrat de bienfaisance interdit au tuteur.

Néanmoins, dans cette dernière hypothèse, il se pourrait que l'opération ne constituât pas un contrat de bienfaisance. Certaines lois imposent en effet à des fonctionnaires la constitution d'un

1. Demolombe, t. VII, n° 739, Duranton, t. XIX, n° 338 ; de Freminville, t. II, n° 747.
2. Trib. Gand. 21 mars 1883, Pas. 83, 3, 177.

cautionnement réel ; le conseil de famille ne pour-
rait-il pas alors autoriser un tuteur à conférer
une hypothèque sur les immeubles du mineur
à la condition bien entendu que le fonctionnaire
paie annuellement une somme déterminée ? il peut
y avoir là pour le pupille une occasion d'accroître
notablement ses revenus, par conséquent un avantage évident comme le demande l'art. 457 ; aussi
croyons-nous que, dans ces conditions, l'hypothèque pourrait être constituée moyennant l'autorisation du conseil de famille et l'homologation
du tribunal.

Bien que l'article 457 n'impose que pour l'aliénation des immeubles l'obligation au conseil de
famille d'indiquer les immeubles qui devront être
vendus de préférence, on est d'accord pour étendre cette disposition aux immeubles à hypothé-
quer. Pourquoi distinguerait-on à cet égard entre
l'hypothèque et la vente ? L'hypothèque ne peut-
elle pas être considérée comme un commencement
de vente ? Si l'article 457 dans son dernier alinéa a
gardé le silence relativement à l'hypothèque, c'est
que le législateur ne voulait pas préjuger sur le
régime hypothécaire avant d'en aborder la régle-
mentation.

L'article 457 ne vise que les hypothèques con-

ventionnelles. Quant aux hypothèques judiciaires
et aux hypothèques légales, elles ne sont soumises
à aucune condition ni formalité spéciale et grèvent
les immeubles des mineurs de la même manière
que ceux des majeurs.

Beaucoup d'auteurs admettent que les règles
relatives à la constitution d'hypothèque devront
être appliquées à la constatation d'un droit réel
quelconque sur les immeubles, tel qu'une antichrèse, une surenchère, un usufruit, un droit et
d'emphytéose ou de superficie.

Néanmoins la question est controversée en ce
qui concerne l'antichrèse. Elle touche en effet à une
autre question fort controversée, celle de savoir
quel est le véritable caractère de l'antichrèse et
quels en sont les effets ; est-ce un contrat ou un
droit réel ? A notre avis, quelle que soit la réponse
donnée à cette question, nous croyons que le
tuteur ne peut pas constituer seul un droit d'antichrèse sur les immeubles du mineur (1). La loi
n'ayant pas déterminé la durée de l'antichrèse,
elle reste indéterminée ; dès lors on ne compren-
drait pas que le tuteur, qui ne peut donner à bail
les biens du mineur pour plus de 9 ans, puisse

1. Pau, 9 août 1837, S. 38. 2. 350.

constituer une antichrèse pour un laps de temps supérieur à 9 ans. Nous pensons même que le tuteur ne pourrait pas, même dans cette limite, établir une antichrèse, qui, d'après la loi, est autre chose qu'une simple délégation de fruits ou de fermages.

Aliénation des meubles incorporels ayant une valeur supérieure à 1.500 francs

A l'époque de la confection du Code, la fortune mobilière avait une importance fort minime ; les meubles que possédait un mineur se réduisaient, la plupart du temps aux meubles meublants, et l'on comprend que le législateur ait cru devoir se contenter de quelques règles pour autoriser le tuteur à les conserver ou l'obliger à les vendre aux enchères. La loi restait muette sur l'aliénation des meubles incorporels qui étaient presque inconnus ; d'ailleurs on ne pouvait appliquer ici les règles pour la vente des meubles ordinaires. D'autre part le tuteur, une fois les meubles vendus, n'était obligé à aucun placement ; les fonds touchés restaient entre ses mains, sans qu'aucune mesure fut prise pour prévenir une dilapidation éventuelle de la part d'un tuteur infidèle.

On s'aperçut en doctrine des lacunes de la loi et, pour y remédier, certains auteurs s'avisèrent de restreindre les pouvoirs du tuteur en soutenant que l'aliénation des meubles incorporels du mineur excédait ses pouvoirs d'administrateur. C'était là un moyen ingénieux établi pour corriger la loi, mais établi d'une façon toute arbitraire et inconciliable avec le principe de l'omnipotence du tuteur ; nous croyons fermement, qu'avant la loi du 27 février 1880, le tuteur pouvait, en vertu de son mandat général, aliéner les meubles incorporels du mineur, sans avoir à remplir aucune formalité (1). Il pouvait de même convertir les titres nominatifs du mineur en titres au porteur (2).

Il y avait là un grand danger pour la fortune des

1. Cass., 4 août 1873, S., 73. 1. 441 ; 3 fév. 1873, S., 73. 1. 61 ; Paris, 11 déc. 1871, S., 71. 2. 249. Toutefois avant 1871 la jurisprudence annulait les aliénations de valeurs pupillaires consenties par le tuteur sans autorisation ; Cass., 12 déc. 1855, D., 56. 1. 18 ; Saint-Denis-de-la-Réunion, 25 mai 1866, S. 70. 1. 65.

2. Cass., 4 août 1873, S., 73. 1. 441.

mineurs; on vit du reste des tuteurs peu scrupu-
leux aliéner les meubles incorporels de leurs
pupilles pour se procurer des deniers disponibles,
avec lesquels ils se lançaient dans toutes sortes de
spéculations. Aussi peut-on s'étonner qu'une loi ne
soit intervenue pour régler cette infraction qu'à
une époque relativement récente puisqu'elle répon-
dait à un besoin chaque jour croissant avec l'importance grandissante de la fortune mobilière.

Toutefois il serait inexact de dire qu'aucune
disposition légale n'existait pour protéger la fortune mobilière des mineurs. Avant la loi du
27 février 1880, une loi du 24 mars 1806 défen_
dait aux tuteurs et curateurs de vendre, sans autorisation du conseil de famille, aucune inscription
de rente sur l'Etat supérieure à la somme de
50 francs; au contraire les tuteurs et curateurs
pouvaient vendre les inscriptions de rente égales à
50 francs ou au-dessous. Un décret du 25 septem-
bre 1813, étendit la disposition de la loi du
24 mars 1806 aux mineurs et interdits proprié-
taires d'actions ou de portions d'actions de la
Banque de France et permit aux tuteurs de procéder à la vente de ces valeurs sans autorisation du
conseil de famille lorsque ces incapables ne pos-
sèderaient qu'une seule action, ou un droit dans

plusieurs actions n'excédant pas en totalité une action entière.

Comme on le voit, ces lois ne prévoyaient que des hypothèses spéciales, ne visaient que certains meubles incorporels ; les autres, qui devenaient de jour en jour plus nombreux, tombaient, quant à leur aliénation, sous le mandat général du tuteur. Les tribunaux enregistraient journellement les abus commis par des tuteurs infidèles et les mineurs voyaient leur fortune compromise, soit parce qu'ils ne pouvaient découvrir et prouver la fraude commise, soit parce qu'une fois la fraude découverte, il ne leur restait, malgré leur hypothèque légale, qu'un recours illusoire, vu l'insolvabilité de leurs tuteurs.

La loi du 27 février 1880 contient trois ordres de dispositions : 1° L'aliénation de toutes les valeurs mobilières de quelque nature qu'elles soient est soumise désormais à la règle suivante : le tuteur ne pourra procéder à une pareille aliénation sans l'autorisation du conseil de famille (art. 1), qui devra en outre être homologuée par le tribunal au cas où les valeurs mobilières à aliéner dépassent la somme de 1.500 francs, d'après l'appréciation du conseil de famille (art. 2). D'ailleurs la loi abroge expressément par son article 12

la loi du 24 mars 1806 et le décret du 25 sept. 1813 :
2° Pour empêcher le tuteur d'aliéner indirectement les meubles incorporels appartenant au
mineur, la loi interdit également la conversion
des titres nominatifs en titres au porteur (art. 10),
en assimilant ainsi la conversion des titres à leur
vente. La loi impose même, en sens inverse, au
tuteur, l'obligation de convertir en titres nominatifs les titres au porteur appartenant au mineur,
sauf les cas exceptionnels où le tuteur est dispensé
de cette obligation par le conseil de famille
(art. 6) : 3° Enfin, comme nous l'avons vu plus
haut, l'art. 6 impose au tuteur l'obligation de faire
emploi des capitaux.

Aux termes de l'art. 1er de la loi de 1880 : « le
tuteur ne pourra aliéner, sans y être autorisé
préalablement par le conseil de famille, les rentes,
actions, parts d'intérêts, obligations et autres
meubles incorporels quelconques appartenant au
mineur ou à l'interdit ». Il n'est pas nécessaire,
comme pour les immeubles, que l'aliénation ait
pour cause une nécessité absolue ou un avantage
évident il suffit qu'elle soit utile et, à cet égard, il
sera bon que le conseil de famille motive sa décision pour faciliter le contrôle du tribunal.

Sous cette disposition très compréhensive de

l'art. 1ᵉʳ, nous comprendrons notamment : l'usufruit de meubles corporels.

... Les créances ayant pour objet le payement
d'une somme d'argent ou de toute autre chose
mobilière, par conséquent les rentes viagères ou
perpétuelles sur l'État ou sur les particuliers, avec
ou sans privilège ou hypothèque.

... Les droits qui correspondent à des obligations de faire ou de ne pas faire.

... Les droits personnels de jouissance, même
portant sur des immeubles.

... Les actions ou intérêts dans les sociétés de
commerce ou dans les sociétés ayant pour objet des
opérations civiles constituant des personnes morales, et sans s'occuper si le fonds social comprend
ou non des immeubles.

... Les offices publics ou ministériels compris
dans l'art. 91 de la loi du 28 avril 1816 (1).

... Les droits de propriété littéraire ou artisti-
que auxquels il faut assimiler les droits attachés
aux brevets d'invention et marques de fabriques.

... Les fonds de commerce avec tous leurs

1. Déjà avant la loi de 1880 des instructions ministérielles
exigeaient que les conseils de famille fussent appelés à délibé-
rer sur les traités relatifs aux cessions d'offices déjà conclus
entre les intéressés et devant être soumis à la Chancellerie.

accessoires, comme l'achalandage, le droit au bail, les meubles corporels qui servent à l'exploitation du fonds (1).

... Les droits de péage concédés sur des ponts dépendant du domaine public aux entrepreneurs ou constructeurs de ces ponts.

... D'une façon générale toutes les actions qui ont pour objet l'exercice ou la réalisation d'un droit mobilier, quand même elles tendraient à la délivrance d'un immeuble réclamé en vertu d'un droit simplement personnel et de jouissance.

Aujourd'hui le tuteur ne peut aliéner seul aucune valeur mobilière de son pupille, même si elle est de minime importance. Vainement, lors de la discussion de la loi de 1880, a-t-on proposé un amendement tendant à écarter l'intervention du conseil de famille pour les valeurs mobilières inférieures à 1200 francs. Le rapporteur de la loi critiqua cette opinion qui fut finalement repoussée, comme fournissant au tuteur un moyen indirect d'aliéner les meubles incorporels du mineur en

1. *Sic* Lèbre, *Tr. des fonds de commerce* p. 41 n° 42, V. cep. en sens contraire un arrêt de Bordeaux du 29 déc. 1890, S. 91,2,221 qui décide que le tuteur peut aliéner à l'amiable et sans autorisation un conseil de famille un fonds de commerce appartenant à son pupille ; mais cette décision peut s'expliquer par les circonstances de la cause.

faisant plusieurs ventes successives de valeurs dont. le montant serait inférieur à 1200 francs. On a ajouté que ce sont surtout les mineurs pauvres qui ont besoin d'être protégés.

Les termes de l'art. 1 de la loi de 1880 étant absolus la Cour de cassation en a tiré cette conséquence que la loi du 24 mai 1806 étant abrogée toute distinction disparaît entre les inscriptions de rente au-dessus ou au-dessous de 50 francs et que par suite l'autorisation du conseil de famille est toujours nécessaire (1).

Lorsque parmi les personnes auxquelles appartiennent par indivis des valeurs se trouve un mineur, la vente de ces valeurs peut-elle être autorisée avant tout partage ? certaines décisions judiciaires se sont prononcées pour la négative d'une façon absolue (2). Nous pensons, au contraire, qu'il y a lieu de distinguer. La vente pure et simple ne peut être autorisée car elle aboutirait, puisque le prix serait partagé entre les intéressés, à la violation des règles du partage judiciaire telles que nous les exposons plus loin. Au contraire, si l'autorisation n'a été donnée que sous des conditions qui empê-

1. Cass. 4 Avril 1881, S. 81,1,206.
2. Trib. Seine, 7 oct. 1883. S, 84,2,23.

chent que la vente ne soit équivalente à un partage, si l'indivision a subsisté nonobstant la vente, il n'y a pas de raison pour prohiber cette vente sous prétexte qu'un partage n'a pas précédé la vente des dites valeurs mobilières ; la loi de 1880 est muette à cet égard et on ne peut induire d'aucune autre disposition légale la prohibition de la vente de valeurs mobilières appartenant par indivis à un mineur tant que le partage n'a pas eu lieu. C'est en ce sens que s'est prononcée la Cour de Cassation (1).

Le conseil de famille pouvant d'après l'article 1er ordonner, en autorisant l'aliénation, toutes les mesures qu'il juge nécessaires, a pleine liberté pour déterminer le mode d'aliénation des valeurs mobilières du mineur (2). Quand ces valeurs sont négociables à la Bourse, elles sont aliénées par le ministère d'un agent de change (art. 3). Dans le cas contraire, le conseil, et le tribunal quand il y a lieu à homologation, prescriront ce qui leur paraîtra le plus utile pour l'aliénation. Les valeurs

1. Cass. 15 juil. 1890, S. 91.1,9.
2. Le conseil de famille autorise souvent à aliéner « au mieux des intérêts du mineur ». Mais, en matière de cession d'offices ministériels, la chancellerie n'accepte pas cette formule et exige que le conseil de famille fixe la somme qui devra être considérée comme prix de transmission.

Marc Juster   8

mobilières, non négociables à la Bourse, sont en effet variables à l'infini ; fort souvent selon leur nature ces valeurs ne peuvent faire l'objet d'aucun marché appréciable et l'on comprend bien que tantôt il y a plus d'intérêt à les vendre aux enchères, que tantôt leur réalisation de gré à gré soit préférable, que tantôt enfin il convient de les vendre à telle ou telle place et dans telle ou telle condition.

L'article 2 de la loi du 27 février 1880 porte que : « Lorsque la valeur des meubles incorporels à aliéner dépassera, d'après l'appréciation du conseil de famille, quinze cents francs en capital, la délibération sera soumise à l'homologation du tribunal, qui statuera en la chambre du conseil, le ministère public entendu, le tout sans dérogation à l'article 883 du Code de procédure civile. Dans tous les cas, le jugement rendu sera en dernier ressort. » Cette disposition a donné lieu, lors de la confection de la loi, à de vives discussions. M. Jules Favre, lors de la seconde délibération du projet au Sénat, présenta spécialement un amendement suivant lequel, pour protéger aussi bien les petites que les grosses fortunes, l'homologation du tribunal serait nécessaire dans tous les cas et si minime que fût la valeur à aliéner ; que le tuteur pourrait d'ailleurs obtenir l'assistance judiciaire quand il s'agirait d'une valeur inférieure à 5.000 fr. Le Sénat décida dans un autre sens : dans le cas où la délibération du conseil de famille serait unanime, il n'y aurait jamais de recours au tribunal, si importante que fût la valeur à aliéner ; mais, en cas de dissidence entre les membres du conseil de famille, l'homologation serait toujours exigée, même pour les plus minimes valeurs. Quoi qu'il en soit, après discussion devant la Chambre, on s'arrêta au texte de l'article 2, tel qu'il est conçu. La solution qu'il contient n'a pas contenté tout le monde ; on se plaint, avec quelque raison, des frais qui incombent aux mineurs à l'occasion de l'homologation des tribunaux, frais qui sont d'autant plus onéreux que les mineurs sont moins riches ; à force de les protéger, on risque de les ruiner (1).

C'est au conseil de famille qu'il appartient d'apprécier si la valeur à aliéner dépasse 1.500 fr. ou non. A cet égard, s'il s'agit d'une créance, le conseil devra se déterminer, non d'après son chiffre nominal, mais d'après les chances de recouvrement. S'il

1. Les frais d'une autorisation de conseil de famille sont de 3o à 5o francs et ceux de l'homologation du tribunal de 2oo fr. environ.

s'agit d'un office on en calculera la valeur, conformément à la pratique admistrative, d'après le
revenu net des cinq dernièrs années d'exercice. En
ce qui concerne les actions et obligations industrielles le conseil de famille pourra utilement con-
sulter le cours de ces valeurs, mais il faut faire
observer que ce cours ne donne pas des indications
absolument certaines.

L'interprétation de l'art. 2 a soulevé des difficultés tranchées par une circulaire du ministre de
la justice en date du 20 mai 1880 (1). Les meubles
incorporels sont sujets à de nombreuses fluctua-
tions quant à leur valeur ; dès lors il peut arriver que
la valeur donnée à ces meubles par la délibération
du conseil ne soit plus la même le jour où le tuteur
procèdera à leur vente, et que des meubles, dont le
montant était apprécié à plus de 1.500 par le conseil, n'atteignent plus ce chiffre le jour de la vente ;
dans ces conditions le tuteur sera-t-il obligé de
demander l'homologation du tribunal ? La circulaire du ministre de la justice, en argumentant du
texte de la loi, décide que c'est, dans tous les cas,
l'appréciation du conseil de famille sur la valeur
en question qui déterminera si l'homologation est

1. D. 81, 3, 70.

ou non nécessaire ; qu'il n'y a pas à tenir compte de la valeur réelle des meubles incorporels à aliéner au temps de la delibération du conseil ou au temps de la vente.

Le tribunal appelé à donner son homologation statue en chambre de conseil et le ministère public entendu, absolument comme s'il s'agissait d'une délibération autorisant la vente d'un immeuble appartenant au mineur. Quant à la question de compétence, nous pensons que le tribunal compétent est celui du lieu de l'ouverture de la succession s'il s'agit de valeurs dépendant d'une succession échue au mineur et non encore partagée ; et pour les autres cas celui du domicile du mineur.

Le législateur de 1880 aurait fait preuve d'imprévoyance si, en réglementant l'aliénation des valeurs mobilières du pupille, il n'avait pas en même temps réglémenté la conversion des titres nominatifs du mineur en titres au porteur ; la propriété de ceux-ci pouvant être transférée par simple tradition, leur aliénation sous cette forme aurait pu être réalisée par le tuteur sans aucune formalité. Il fallait de toute nécessité assimiler les conversions de titres nominatifs en titres au porteur à une vente ; c'est ce qui a été fait par l'art. 10 (1).

On incline parfois à étendre, au delà de ses termes, la loi de 1880, et à admettre que celle-ci exige
l'autorisation du conseil de famille pour tous les
actes qui impliquent la perte possible d'un capital, autorisation qui devrait être homologuée par
le tribunal si la perte possible excédait 1500 francs.
C'est ainsi qu'il a été jugé qu'une mère tutrice de
sa fille excède ses pouvoirs d'administration en
soumettant la rupture de l'engagement théâtral de
sa fille à un dédit hors de proportion avec les
appointements de celle-ci, et ce, sur le motif que
d'après la loi de 1880 une pareille stipulation,
règlant éventuellement l'aliénation de capitaux du
mineur, doit être autorisée par le conseil de
famille (2). Nous croyons que cette jurisprudence
est téméraire, car elle ne tend à rien moins qu'à
poser en principe que la loi de 1880 a voulu restreindre les pouvoirs du tuteur aux seuls actes

1. Il convient de remarquer que l'art. 9 de l'ordonnance du
29 avril 1831, toujours en vigueur, prohibe la conversion en
titres au porteur des titres nominatifs de rente sur l'Etat appar-
nant à des incapables. V. aussi décr. 18 juin 1864, Huc t. III,
n° 403. Baudry-Lacantinerie, t. I, n° 1905. — V. Planiol, t. I,
p. 868, note 1.

2. Paris, 27 juin 1889. S. 89,2,159. V. aussi avant la loi de
1880, Paris, 1er mars 1877. D. 78,2,108.

d'administration ; nous estimons au contraire que le tuteur est en principe omnipotent et que la loi de 1880 n'a fait que restreindre sur un point les pouvoirs que la loi lui conférait.

§ 3.

Des actes qui exigent certaines formalités spéciales.

Rentrent dans cette catégorie la vente des meubles corporels du mineur ; le partage, et la transaction.

Vente des meubles corporels du mineur.

Aux termes de l'art. 452 C. civ. « Dans le mois qui suivra la clôture de l'inventaire, le tuteur fera vendre, en présence du subrogé tuteur, aux enchères reçues par un officier public, et après des affiches ou publications dont le procès-verbal de vente fera

mention, tous les meubles autres que ceux que le
conseil de famille l'aurait autorisé à conserver en
nature ». Cette disposition s'explique par la nature
des meubles, biens d'une nature périssable qui
perdent en général de leur valeur par le seul effet
du temps, souvent même improductifs et dispen-
dieux à conserver. Remarquons que si l'art. 452
soumet la vente des meubles du mineur à certaines
formalités, le tuteur n'a pas besoin de l'autorisation
du conseil de famille pour procédér à cette vente,
bien au contraire c'est pour conserver ces meubles
que l'autorisation du conseil de famille est nécessaire.

Que doit-on entendre par « meubles » dans
l'art. 452 ? On pourrait être tenté au premier abord
de donner au mot meubles la signification consacrée au titre de la distinction des biens par les
art. 533 et 535 ; cette manière de voir serait
cependant inexacte. Si l'on appliquait en effet l'art.
533 toute une série de meubles serait exclue, tels
les denrées, chevaux, équipages et autres meubles
périssables. On ne peut pas appliquer non plus l'art.
535 et considérer comme meuble tout ce qui est
censé être un meuble corporel ou incorporel, car les
créances, rentes, actions, obligations industrielles
et autres meubles incorporels peuvent très bien

être conservés sans nul danger pour la fortune du mineur. Avant la loi de 1880 on a néanmoins prétendu que l'art. 452 avait une portée générale et qu'il comprenait sous sa disposition certains meubles incorporels tels que fonds de commerce, brevets d'invention, dettes actives sans hypothèque, etc. (1). L'intérêt de la discussion a disparu depuis la loi du 27 février 1880 qui a réglementé l'aliénation des meubles incorporels appartenant au mineur en décidant, ainsi que nous l'avons vu plus haut, que le tuteur n'a plus le droit de vendre ces meubles de sa propre autorité.

Quant aux formalités que la loi exige pour la vente des meubles corporels du mineur l'art. 452 en indique suffisamment les formes. La vente doit être faite aux enchères et après affiches afin d'atteindre le plus haut prix ; en outre elle doit être faite par le ministère d'un officier public dont le choix appartient au tuteur, et en présence du subrogé

2. Saint-Denis de la Réunion, 25 mai 1866, sous Cass., 29 juin 1869, S. 70, 1, 63, Sic. Proudhon, Etat des pers.. t. II, p. 221 et 222 ; Magnin. t. I, n° 665 ; Duranton, t. III. n° 555 ; Freminville t. I, n° 231 ; Coin Delisle (Rev. crit. de législ.), 1859, t. XIV, p. 103 et s. Contrà : Cass., 3 fév. 1873, S. 73, 1, 61 ; 21 juil. 1873, S. 75, 1, 446; Toullier, t. I, n° 1199, Aubry et Rau, I, p. 133, p. 459 et s. ; Demolombe, n° 572 et 597 ; Buchère, Tr. des valeurs mobilières, n° 375.

tuteur pour éviter toute fraude de la part du tuteur.
Toute vente à l'amiable est interdite au tuteur
excepté toutefois les ventes qui constituent de simples actes d'administration telles que ventes de
denrées provenant des récoltes, ventes de vieux
ustensiles aratoires, etc. Les formalités à obser-
vée pour la vente des meubles corporels sont seulement celles indiquées par l'art. 452 C. civ. disposition spéciale à laquelle n'ont pu déroger les
dispositions générales du Code de procédure concernant les ventes judiciaires (1).

Partage

Il ne s'agit pas ici de l'action en partage dont nous
nous sommes occupé plus haut, mais du partage
lui-même et des formes auxquelles il est soumis.

La loi en effet ne se contente pas, pour garantir
les intérêts du mineur, d'exiger l'autorisation du
conseil de famille quand il s'agit de provoquer un
partage en son nom, elle soumet en outre le par-

1. Chauveau et Carré, t. VI, quest. 3155 ; Laurent, t. V;
n° 19 ; *Contrà*, Demolombe. t. VII, n° 581.

tage qui intervient entre des copartageants dont
l'un au moins est mineur, à certaines formes pro-
tectrices, ainsi que cela résulte de l'article 466 dont
voici les termes : « Pour obtenir à l'égard du
mineur tout l'effet qu'il aurait entre majeurs, le
partage devra être fait en justice, et précédé d'une
estimation faite par experts nommés par le tribunal civil de première instance du lieu de l'ouverture de la succession. Les experts, après avoir
prêté devant le président du même tribunal ou
autre juge par lui délégué, le serment de bien et
fidèlement remplir leur mission, procèderont à la
division des héritages et à la formation des lots,
qui seront tirés au sort et en présence, soit d'un
membre du tribunal, soit d'un notaire par lui
commis, lequel fera la délivrance des lots. Tout
autre partage ne sera considéré que comme provisionnel. »

Remarquons tout d'abord que l'article 466 a
subi, depuis son entrée en vigueur, des modifi-
cations, soit des articles mêmes du Code civil,
promulgués ultérieurement, soit des dispositions
du Code de procédure civile. En premier lieu,
l'estimation par experts, ordonnée par l'article 466
n'est plus obligatoire ; elle est devenue facultative
d'après l'article 970, alinéa 2, tel qu'il a été modifié

par la loi du 2 juin 1841. D'autre part, l'article 466
enseigne que ce sont les experts qui sont chargés
de procéder à la formation des lots, ce qui le met
en contradiction évidente avec l'article 838 du titre
« Des Successions », qui décide que cette charge
incombe au notaire choisi par les parties ou
nommé d'office par le juge-commissaire. La solution de cette difficulté nous est donnée par les
articles 974, 976, du Code de procédure civile
modifiés par la loi du 2 juin 1841 : si le partage
n'a pour objet que des immeubles sur lesquels
d'ailleurs les droits des intéressés sont déjà liquidés, ce sont les experts qui doivent procéder à la
formation des lots ; en cas que le partage ne porte
que sur des meubles ou sur des droits non encore
liquidés, les lots seront formés par le notaire à ce
désigné. Toutes ces formes imposées par la loi
dans les partages concernant les mineurs et qui
consistent à soumettre au contrôle de la justice les
opérations préliminaires, leur résultat, ainsi que
leur exécution (art. 466, art. 838), ont été considérées comme de nature à mieux protéger les intérêts du mineur. En un mot, entre majeurs le partage peut être amiable ; il doit être judiciaire dès
qu'il y a des mineurs.

La disposition finale de l'article 466, dit que

tout partage fait par le tuteur sans l'observation
des formes prescrites sera considéré comme provisionnel, c'est-à-dire qu'il ne vaudra que comme
attribution de jouissance intérimaire et provisoire ;
cette disposition est reproduite par l'article 840 du
titre « Des Successions ». Ce partage provisionnel
peut être considéré comme un simple acte d'administration et rentre donc dans les actes que le
tuteur peut faire seul et dans n'importe quelle
forme ; il pourra même être consenti par le tuteur
pour un délai de plusieurs années sans toutefois
dépasser cinq ans (art. 815) ; ce délai pourra d'ailleurs être renouvelé. Pendant tout ce délai le partage définitif de la propriété ne pourra être provoqué par aucune des parties, et on ne saurait objec-
ter que le tuteur, en usant de ce droit, excède ses
pouvoirs en portant atteinte au droit qu'a le conseil de famille d'apprécier l'opportunité de la provo-
cation du partage, car le conseil ne peut qu'autoriser le tuteur sans pouvoir l'obliger de le saisir, le
tuteur conservant l'initiative des actes qu'il fait
seul, ou même pour lesquels il lui faut en outre
l'autorisation du conseil de famille.

Le partage intervenu entre majeurs et mineurs
sans les formalités prescrites n'est-il provisionnel
qu'à l'égard des mineurs tout en restant définitif

à l'égard des majeurs qui ne pourraient pas en demander un nouveau? Cette question donne lieu à une vive controverse dont nous ne ferons que résumer les termes. D'après un premier système le partage est provisionnel à l'égard de toutes les parties contractantes. On dit en ce sens que les articles 466 et 850 relatifs au partage provision-nel sont conçus en termes fort généraux et que, de même que dans le cas où toutes les formes ont été respectées, le partage est réputé fait entre majeurs et est définitif à l'égard de tous, de même, dans le cas où ces formes ont été omises, il est censé fait entre mineurs et est donc provisionnel à l'égard de tous. L'esprit de la loi ajoute-t-on est en harmonie avec les textes ; un partage qui met fin à une indivision ne saurait être scindé, en le considérant comme définitif à l'égard des uns et provisionnel à l'égard des autres (1). D'après une seconde opinion, si un partage intervient entre ma-jeurs et mineurs et qu'on n'ait pas suivi les formes prescrites, ce partage ne sera provisionnel qu'à l'égard des mineurs, les majeurs auront fait au contraire un partage définitif. A l'appui de cette doctrine, on invoque l'article 1152 duquel il résulte

1. Nancy, 11 déc. 1837, D., 38. 2. 3 ; Cass., 29 juin 1839, D., 39. 1. 372.

que les personnes capables de s'engager ne peuvent
opposer l'incapacité de celles avec lesquelles elles
ont contracté. Les copartageants majeurs, étant
capables de faire un partage définitif, ont entendu
procéder à un pareil partage et ne peuvent donc pas
se prévaloir de l'incapacité des mineurs copartageants. Les articles 466 et 840 ne s'occupent, dit-on,
que des incapables et quand ce dernier article
déclare, dans sa première partie, que les partages
réguliers sont définitifs à l'égard des incapables,
il est évident que quand il décide ensuite que les
partages irréguliers sont provisionnels seulement,
cette dernière disposition doit s'appliquer seulement aux parties incapables (1).

Après avoir adopté ce système, la Cour de cassation décida que, malgré un partage provisionnel
intervenu, les majeurs, de même que les mineurs,
pourraient demander un partage définitif à moins
qu'ils n'aient manifesté l'intention contraire (2).

---

1. Cass., 30 août 1815, S. chr.; Colmar, 28 novembre 1816,
S. chr.; Agen, 12 nov. 1823 ; Bordeaux, 16 mai 1834, S. 35. 2.
192, Cass., 24 juillet 1835, S. 36. 1. 238 ; Montpellier, 16 août
1842, S., 43. 2. 148.

2. Cass., 24 juin 1839, S., 39. 1. 615 ; 9 mars 1848, S., 46.
1. 451 ; 25 juil. 1858, S. 68. 1. 138 ; 12 janv. 1875, S., 75.
1. 117 ; Lyon, 2 mars 1868, S., 68. 2. 276 ; Cherbourg,
9 fév. 1870, S., 70. 2. 123.

Quand l'article 840 déclare provisionnels les partages entre majeurs et mineurs faits sans les formalités prescrites, comme il se place dans l'hypothèse où les parties ont voulu faire un partage
définitif sans l'emploi des formes prescrites, le
majeur qui a eu l'intention de faire un partage
définitif ne peut pas demander la nullité du partage, accordée, conformément à l'article 1125, au
mineur seulement.

Quoi qu'il en soit de cette controverse il résulte
de l'art. 466 C. civ. que la loi n'exige pas pour la
validité du partage provisionnel les mêmes formalités que pour la validité du partage définitif et
on en induit généralement que le tuteur a qualité
pour procéder à un partage provisionnel au nom
du pupille sans l'autorisation du conseil de
famille (1).

La règle que tout partage, fait entre parties
dont une ou plusieurs sont mineures, doit nécessairement être judiciaire prête à de sévères cri-
tiques ; toutes les précautions prises dans l'intérêt
des mineurs ont tourné contre eux. S'il est vrai
que le partage judiciaire offre des avantages indé-

---

1. Huc, t. III, n° 447 ; Demolombe, t. VII, n° 721 et 723 ;
Planiol, t. I, n° 2.735. *Contra*, Laurent, t. V, n° 78.

niables, comme l'intervention de la justice, et la formation des lots par un notaire à ce commis, il présente néanmoins de sérieux inconvénients. D'abord il est bien plus coûteux et entraîne des lenteurs ; ensuite il comporte l'obligation du tirage au sort, procédé aveugle qui pourra attribuer à un copartageant le lot qui aurait convenu à un autre. Aussi ne faut-il pas s'étonner de voir la pratique, toujours ingénieuse, employer divers moyens pour éluder la règle qui impose le partage judiciaire dans les partages où des mineurs sont intéressés ; tantôt on aura recours au sursis d'indivision ou à un partage provisionnel que le tuteur, avons-nous dit, peut seul consentir ; tantôt on procédera à un partage d'attribution mais en faisant intervenir des tiers qui se porteront fort pour le mineur en garantissant que ce dernier ne se prévaudra pas plus tard de l'irrégularité commise ; tantôt enfin on dissimulera le partage amiable sous le voile d'une transaction en remplissant alors les formalités requises par l'art. 467 C. civ.

Marc Juster   9

Transaction

L'art. 467 C. civ. porte : « Le tuteur ne pourra transiger au nom du mineur, qu'après y avoir été autorisé par le conseil de famille, et de l'avis de trois jurisconsultes désignés par le procureur de la République près le tribunal de première instance. La transaction ne sera valable qu'autant qu'elle aura été homologuée par le tribunal de première instance, après avoir entendu le procureur de la République. »

Ces formalités multiples s'expliquent par la gravité de la transaction qui implique des concessions réciproques des parties, et qui constitue un acte plus grave que l'acquiescement, lequel n'est en réalité qu'une reconnaissance du droit d'autrui tandis que la transaction suppose l'abandon de prétentions que l'on croit fondées et, par conséquent, un sacrifice étranger à l'idée d'acquiescement.

On s'est demandé autrefois si, relativement aux droits mobiliers du mineur, le tuteur ne pourrait

pas transiger seul sans les formalités requises
par l'art. 467 (1). Mais cette opinion est abandonnée aujourd'hui tant en doctrine qu'en jurisprudence. Les termes de l'art. 467 ne font en effet
aucune distinction et on ne voit même aucune
raison de distinguer entre la transaction portant
sur des meubles et celle portant sur des immeubles. C'est en ce sens que s'est prononcée la Cour
de Paris en déclarant nulle la transaction consen-
tie sans observer l'art. 467 par une mère tutrice
relativement aux dommages-intérêts dus à ses
enfants mineurs par un tiers responsable de la
mort de leur père (2).

En ce qui concerne les formalités requises elles
sont au nombre de trois : 1° Autorisation du conseil de famille; 2° avis de trois jurisconsultes;
3° homologation du tribunal. Par avis de trois
jurisconsultes la loi a entendu parler de l'avis de
trois avocats, le terme « avocats » n'ayant pas été
employé parce que l'ordre des avocats n'était point
encore rétabli; aussi, en fait, choisit-on les juris-

1. V. en ce sens Merlin, Répertoire v° Transaction, V. aussi
Cass. 10 mai 1813, S. chr.
2. Paris, 14 août 1871, S. 71. 2. 198. *Sic.* Aubry et Rau,
t. I, § 113, p. 453, note 30. Marcadé, sur l'art. 467, Demolombe, n° 747.

consultes appelés à donner leur avis parmi les avocats inscrits au tableau depuis dix ans au moins. D'ailleurs l'avis doit être favorable à la transaction, et on décide généralement aussi qu'il doit être unanime, car il n'y a pas ici lieu à délibération et la loi paraît bien vouloir trois avis ou opinions individuelles admettant la transaction. Quant à l'homologation du tribunal, c'est le tribunal civil de première instance du lieu où siège le conseil de famille qui est compétent, et il a même été jugé que ce tribunal était compétent pour une demande en homologation d'une transaction intéressant un mineur et qui portait sur une instance d'appel (1). En matière d'homologation d'une transaction, le rapport d'un juge à la chambre du conseil n'est pas prescrit à peine de nullité, et le jugement qui intervient est susceptible d'appel (2).

Dans quel ordre doivent être accomplies les formalités qui précèdent ? La solution qui semble la plus conforme au texte et à l'esprit de la loi est que le tuteur doit d'abord obtenir un avis favorable à la transaction de trois jurisconsultes dési-

1. Agen, 18 déc. 1856, S. 57. 2. 305.
2. Agen, 18 déc. 1856, précité ; Alger, 5 mai 1873, S. 72. 2. 299, Comp. Cass. 10 juin 1874, S. 78. 1. 15.

gnés par le procureur de la République, et ensuite
soumettre le projet, avec l'avis, au conseil de
famille qui donnera ou refusera son autorisation ;
le but de la loi est en effet que l'avis requis puisse
éclairer les membres du conseil lors de leur délibération et suppléer ainsi à leur manque de con-
naissances juridiques. En tout cas il n'y aurait
pas nullité pour interversion de l'ordre de ces
formalités.

Pour ce qui est de l'homologation du tribunal
il faut remarquer que dans cette hypothèse elle ne
vise pas l'avis du conseil de famille mais bien la
transaction elle-même ; en conséquence elle suit
ici la réalisation de l'acte à homologuer au lieu de
la précéder comme dans les cas ordinaires.

§ 4.

Des actes complètement interdits au tuteur.

Certains actes sont complètement interdits au
tuteur ; nous n'entendons pas parler des actes
que le tuteur ne peut faire en sa qualité de tuteur,

comme l'achat des biens meubles ou immeubles de son pupille ou la cession à son profit de droits et créances contre son pupille, car dans ces hypothèses ce n'est pas seulement un acte déterminé de gestion de la fortune du mineur qui est prohibé, mais aussi un acte se rapportant à la gestion de la fortune personnelle du tuteur. Nous ne visons, sous ce paragraphe, que les actes qui se rapportent uniquement à la gestion de la fortune du mineur, actes pour lesquels on conçoit la représentation du mineur par son tuteur, mais que le législateur, au lieu de permettre sous réserve de garanties sérieuses, a préféré prohiber purement et simplement.

Au nombre de ces actes il faut d'abord placer le compromis. L'interdiction pour le tuteur de procéder à un compromis est fort ancienne ; elle existait déjà en droit romain et fut maintenue dans l'ancien droit français. Le Code civil ne contient aucune disposition à cet égard, mais cette omission a été réparée par le code de procédure civile qui, après avoir enseigné dans son article 83-6° que toutes les causes concernant des mineurs sont communicables au ministère public, décide dans l'art. 1004 qu'on ne peut compromettre sur des causes communicables au ministère public.

Le législateur a pensé que le jugement par arbitres, outre qu'il enlève au mineur la garantie du
ministère public, est moins sûr que celui de la
justice ; comme l'ancienne jurisprudence il se
défie de ces juges occasionnels qui ne sont que
de simples particuliers. De plus le jugement par
arbitres priverait le mineur d'un autre bénéfice
qui consiste à pouvoir revenir par la voie de la
requête civile sur les jugements rendus à son préjudice dans les causes où il n'a pas été défendu,
ou ne l'a pas été valablement (art. 481 C. proc.
civ.).

Bien que les termes des articles 83-6° et 1004
C. proc. civ. soient absolus, on a cependant soutenu en doctrine que le tuteur pouvait compromettre en matière mobilière en se conformant aux
prescriptions de l'art. 467 du Code civil relatif aux
transactions; mais cette distinction entre les meubles et les immeubles ne nous semble pas pouvoir
être admise en présence des termes parfaitement
clairs de la loi. D'ailleurs nous repoussons le
moyen imaginé pour éluder la loi qui consiste à
demander l'avis de trois jurisconsultes choisis
comme arbitres et à remplir ensuite les formalités
exigées par l'art. 467. Au reste, un compromis

ainsi déguisé est loin d'être aussi stable que celui conclu entre majeurs capables.

Le tuteur ne peut faire aucune donation entre vifs ou testamentaire des biens du mineur. Cette interdiction de disposer à titre gratuit du patrimoine du pupille n'est inscrite dans aucun texte. Elle résulte néanmoins clairement, quoique par argument *a contrario*, de diverses dispositions du législateur; c'est ainsi que la loi, en déterminant les conditions auxquelles elle autorise la vente des biens meubles ou immeubles du mineur, laisse entendre que le tuteur, qui ne peut procéder à une aliénation à titre onéreux sans remplir certaines formalités, ne saurait *a fortiori* faire une aliénation à titre gratuit qui constitue un acte infiniment plus grave pour le patrimoine du pupille, puisqu'il ne substitue au bien donné aucune contre-valeur. De même les articles 904 et 1398, en déterminant les conditions exigées pour que le mineur puisse faire en personne une donation entre vifs ou testamentaire, donnent à entendre que ces mêmes actes ne sauraient être faits par le tuteur en sa qualité de représentant du mineur. L'aliénation à titre gratuit est d'ailleurs un acte si personnel, attendu qu'il implique l'*animus donandi*, qu'on pourrait même dire qu'il doit être

laissé en dehors de la représentation, par conséquent exclure de droit la possibilité de l'intervention du tuteur.

A la règle qui vient d'être posée il faut cependant apporter une exception relative aux donations
minimes tels que cadeaux ou présents d'usage ;
ces libéralités passées dans les mœurs, et qui se
multiplient de jour en jour, peuvent, en effet, être
considérées comme rentrant dans les pouvoirs
d'un administrateur, si du moins elles sont pro-
portionnelles à la fortune du pupille.

Mais, de même que la donation proprement dite,
toute aliénation gratuite est prohibée ; c'est ainsi,
par exemple, qu'un tuteur ne peut renoncer à une
prescription acquise, ni, comme on l'a vu, consentir volontairement mainlevée d'une hypothèque si la dette n'a pas été acquittée.

Le cautionnement, acte de sa nature gratuit et
qui présente de graves dangers, est interdit d'une
façon absolue au tuteur agissant au nom de son
pupille.

Sont encore entièrement interdits au tuteur,
ainsi que nous l'avons déjà vu, l'acceptation pure
et simple d'une succession et la conversion de
titres nominatifs de rentes sur l'Etat en titres au
porteur.

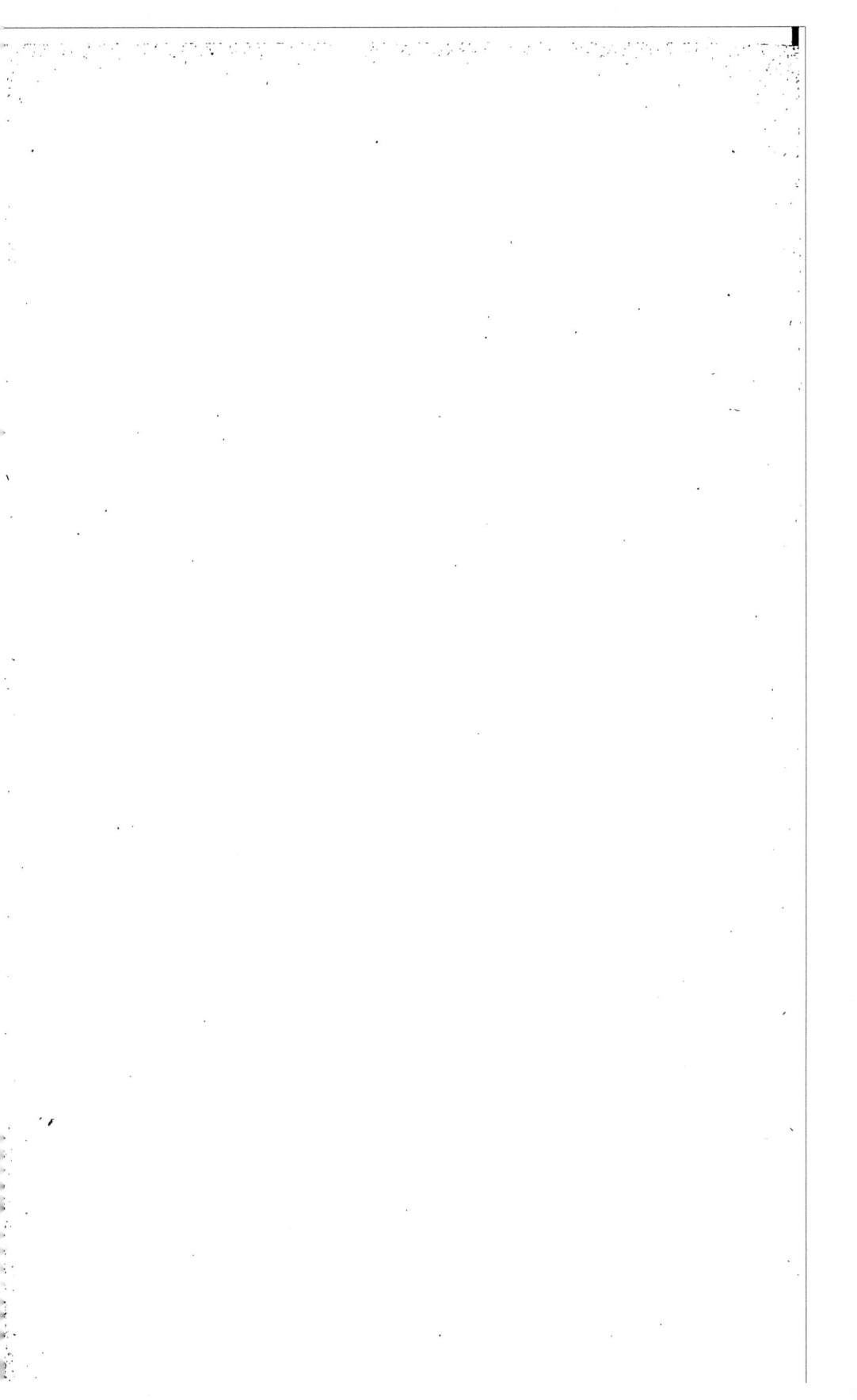

CHAPITRE II

DES EFFETS DE LA REPRÉSENTATION

La règle générale est que les actes passés par le tuteur au nom de son pupille sont censés être faits par ce dernier : *factum tutoris, factum pupilli*. Il en est ainsi même au cas où le tuteur agit en dehors des termes de ses pouvoirs (1) ; un acte mal fait par le tuteur est un acte mal fait par le pupille.

Les actes accomplis par les parties intéressées elles-mêmes étant susceptibles d'être attaqués pour des causes déterminées, il en est à plus forte raison ainsi des actes passés par ceux qui n'agissent qu'au nom des véritables intéressés. Des textes

1. Riom, 25 mars 1829, S. chr.

assez obscurs qui régissent la matière paraît se
dégager cette notion que la loi a organisé, en ce
qui concerne la représentation du pupille par le
tuteur, des actions en rescision et en nullité. Mais
sur le domaine respectif de ces actions se sont
élevées de multiples controverses qui ont néanmoins fini par aboutir à un système généralement
adopté aujourd'hui.

Pour mettre quelque clarté dans l'exposé de
cette question délicate, nous exposerons successivement le champ d'application de l'action en rescision fondée sur la lésion, et celui de l'action en
nullité qui est indépendante de toute idée de
lésion.

Section I. — Action en rescision.

Il s'agit de savoir si les actes passés par le
tuteur au nom de son mineur, soit dans la limite
de ses pouvoirs, soit en dehors, sont susceptibles
d'être rescindés en se basant sur la lésion qu'é-
prouverait le mineur.

Supposons d'abord que le tuteur a agi dans la

limite de ses pouvoirs, autrement dit qu'il a fait seul, conformément au principe de l'omnipotence, un acte qui n'a pas été réglementé spéciale-ment par la loi, ou qu'il a accompli les formali-tés auxquelles était subordonné un acte régle-menté par le législateur ; cet acte peut-il être res-cindé ?

Si nous remontons au droit romain, dont l'in-fluence s'est fait sentir dans les controverses qui se sont élevées sur notre matière, nous voyons que le préteur avait organisé pour les mineurs de vingt-cinq ans une *in integrum restitutio* pour les protéger malgré la capacité qui leur était laissée ; cette *restitutio in integrum*, aux termes de l'édit, étant accordée d'une façon générale aux mineurs de vint-cinq ans, les individus en tutelle qui, eux, étaient incapables, purent s'en prévaloir, et on admit que pourraient être rescindés pour lésion les actes valablement faits par le tuteur. L'ancien droit français conserva les règles romai-nes ; l'action en rescision pour cause de lésion fut accordée pour les actes passés par le tuteur avec l'observation scrupuleuse des formalités exigées par la loi. On peut facilement comprendre combien un pareil système était nuisible aux intérêts des mineurs, puisque les tiers qui contractaient avec eux, par l'intermédiaire de leur tuteur, avaient à craindre une rescision éventuelle pour cause de lésion ; aussi Pothier (1) n'hésitait-il pas à déclarer à l'abri de toute demande en rescision les actes d'administration faits par le tuteur.

, Sous l'empire du Code civil, un système, défendu surtout par M. Toullier (2), a cru pouvoir continuer la tradition et enseigner que l'action en rescision est ouverte contre tous les actes faits par le tuteur, soit seul dans la limite de ses pouvoirs, soit en observant les formalités imposées par la loi. On invoque en sa faveur les termes généraux de l'art. 1305 : « La simple lésion donne lieu à la rescision en faveur du mineur non émancipé *contre toutes sortes de conventions* ». Si le Code civil avait voulu écarter l'autorité de la tradition se serait-il ainsi prononcé dans une disposition qui repousse toute distinction entre les conventions passées par le tuteur et celles dans lesquelles le mineur a figuré seul ? Il est donc arbitraire de restreindre l'application de la rescision au cas où le mineur a accompli seul un acte qui n'était pas soumis à des formalités spéciales. L'art. 1314

1. Tr. de la procéd. civ. part. 5. ch. IV, art. 2.
2. Toullier, t. VI, nos 105 et s., t. VII, nos 575 et s. V. aussi Demante, 1re édit., t. II, nos 781 et 782.

viendrait corroborer l'argument tiré de l'art. 1305;
il déclare en effet que les aliénations d'immeubles
et les actes de partage régulièrement faits par le
tuteur ont la même force que si le mineur les avait
faits en état de majorité, or l'article serait inutile
si en règle générale le mineur, dûment représenté
par son tuteur, était semblable au majeur; pour
lui laisser une signification il faut décider qu'en
principe ce mineur, même dûment représenté
par un tuteur, n'est pas semblable au majeur,
autrement dit qu'il peut invoquer la rescision pour
lésion. On ajoute que l'art. 2252 n'a fait que con-
sacrer cette idée en ne faisant pas courir la prescription contre les mineurs ; en relevant ici le
pupille des conséquences que pourrait avoir la
négligence de son tuteur le législateur a, dit-on,
fait application de la théorie qui déclare qu'un
incapable ne saurait être lésé par l'impéritie de
son mandataire légal. Le Code de procédure se
prononcerait dans le même sens. L'art. 481, C. pr.
civ., ouvre en effet la voie de la requête civile au
mineur pour obtenir la rescision des jugements
rendus contre son tuteur lorsqu'il n'a pas été valablement défendu ; il serait illogique de se refuser
à appliquer aux contrats passés par le tuteur un
principe qu'on applique aux jugements auxquels

celui-ci est intervenu comme représentant du pupille, car les jugements ont une autorité supérieure à celle des contrats.

M. Troplong s'est rallié à cette théorie mais avec une variante. Dans l'opinion de cet auteur le Code civil aurait cherché dans l'institution des formalités spéciales édictées par les art. 458 et s., l'équivalent de la garantie offerte par l'action en rescision. En conséquence les actes soumis à des formalités par la loi seraient absolument valables si les formalités avaient été observées et alors même que le mineur se trouverait lésé. Quant aux actes non réglementés par le Code civil et accomplis par le tuteur ils seraient rescindables pour cause de lésion (1).

Nous estimons au contraire que l'action en rescision ne peut atteindre les actes passés par le tuteur, soit dans la limite ordinaire de ses pouvoirs, soit en observant les formalités prescrites par la loi, et qu'il faut borner le champ d'application de la rescision aux actes non réglementés par la loi et accomplis par le mineur seul.

Aux termes de l'art. 450 C. civ. le tuteur représente le mineur dans tous les actes de la vie civile ;

---

1. Troplong, *Hypth.* t. II, n° 488 et s. ; *Vente*, t. I, n° 166.

la conséquence qui paraît bien découler de cette disposition est que le mineur est obligé, de la même manière qu'un majeur, à raison des actes que son tuteur a passés en son nom avec les formalités prescrites et sans sortir des limites de son mandat légal. En vain objecte-t-on l'art. 1305 qui déclare le mineur restituable contre « toutes sortes de conventions », en s'exprimant ainsi le législateur n'a pas voulu assimiler les actes du pupille et les actes réguliers du tuteur, il a seulement entendu faire une opposition entre la situation du mineur qui peut être restitué quelle que soit la nature du contrat à celle du majeur qui ne peut faire rescinder que le contrat de partage pour lésion de plus du quart et la vente d'immeubles pour lésion de plus des sept douzièmes (1). D'ailleurs l'art. 1305 ne suppose pas un acte conclu par le tuteur au nom du mineur, mais un acte passé par le mineur lui-même. Pour bien comprendre le sens de l'art. 1305 il ne faut pas, en effet, l'isoler des autres textes compris dans la même section relative à l'action en nullité ou en rescision des conventions. Or, si l'on procède ainsi, il est facile de voir que l'art. 1305 est

1. V. cep. Cass., 5 déc. 1838, S. 38, 1, 945.

Marc Juster   10

enclavé au milieu d'une série de textes visant uniquement les actes faits par le mineur lui- même et non faits par le tuteur en son nom. C'est ainsi que le premier article de la section, l'arti- cle 1304, dit, en précisant la durée de l'action en rescision, que « le temps ne court......, à l'égard de ceux faits *par les mineurs* que du jour de la majorité ». De même l'art. 1307 dit : « La simple déclaration de majorité, faite *par le mineur*, ne fait point obstacle à sa restitution » ; or, pour que la fausse déclaration soit possible, il faut supposer nécessairement que c'est le mineur lui- même qui a fait l'acte. Les articles 1308, 1309 et 1310, qui établissent plusieurs exceptions au prin- cipe de la rescision, supposent également que c'est le mineur lui-même, et non son tuteur, qui a agi directement. Le silence même que l'art. 1305 garde sur les interdits est démonstratif, car si le législateur avait voulu s'occuper des actes du tuteur, il aurait dû placer l'interdit sur la même ligne que le mineur comme il l'a fait dans les art. 1312 et 1314.

L'objection tirée de l'art. 1314 ne nous paraît pas plus fondée. A notre avis elle marque un oubli total de l'état de choses existant à l'époque de la confection du Code. Si l'on se place dans le

dernier état du droit coutumier, nous avons dit
qu'on avait admis que, contrairement au principe général. les actes d'administration nécessaires échapperaient à l'action en rescision. Même
pour les autres actes, on ne cessait de protester de
toutes parts, et on s'élevait contre l'abus d'une
pareille législation qui plaçait les parties dans.
un état d'incertitude et donnait aux partages,
ventes, etc., une couleur indécise à cause du
recours éventuel du mineur pour cause de lésion.
En présence de ces plaintes générales, on conçoit
aisément que la première pensée du législateur
du Code devait être de réglementer cette matière
en rendant inattaquables les actes faits par le
tuteur pour le compte de son pupille. Mais, comme
ce principe avait déjà été admis dans l'ancienne
jurisprudence pour les actes d'administration, le
législateur se préoccupa surtout des actes plus
importants, partages, ventes, etc., qu'il déclara
irrévocables en interdisant au mineur l'action en
rescision pour cause de lésion. Dans ces conditions
on peut même revendiquer, en faveur de l'opinion que nous défendons, l'article 1314. Du moment
en effet que le législateur a répudié l'ancienne
jurisprudence quant aux actes les plus importants tels que vente d'immeubles, partages, etc.,

en les déclarant irrévocables, à plus forte raison a-t-il entendu poser la même règle relativement aux actes moins importants, spécialement ceux accomplis par le tuteur seul.

L'argument tiré de l'art. 2252 C. civ. n'est pas plus concluant car l'article ne suppose pas un acte régulièrement accompli par le tuteur mais seulement une négligence de la part de celui-ci consistant dans le défaut d'interruption de la prescription; la différence profonde qui existe entre les deux hypothèses suffit à ruiner l'argument. La preuve qu'on ne saurait les assimiler et dire que la sanction que la loi leur appliquerait découle de la même idée c'est que tandis que cette sanction, à savoir la rescision pour lésion, appliquée aux actes régulièrement faits par le tuteur finit, comme nous l'avons dit, par tourner au détriment du mineur, au contraire la sanction de la négligence du tuteur, à savoir la suspension de la prescription, ne peut jamais être que la source d'un avantage pour le mineur.

Enfin il n'y a pas d'analogie à établir entre la rescision et la requête civile prévue par l'article 481 C. proc. civ. Nous trouvons la démonstration de notre assertion dans l'art. 481 lui-même qui donne également la requête civile à l'Etat, aux

communes et aux établissements publics lorsqu'il
n'ont pas été valablement défendus quoique
l'action en rescision ne leur soit point généralement ouverte contre les actes faits par les admi-
nistrateurs qui les représentent; il est donc tout
naturel qu'il en soit de même pour le mineur.

Nous croyons fermement, quant à nous, que le
Code civil a voulu se séparer des principes du
droit romain admis en partie par notre ancienne
jurisprudence et réserver exclusivement l'action
en rescision pour lésion aux actes non soumis à
des formalités spéciales et passés par le mineur
seul. Dans son exposé de motifs au corps légis-
latif, Bigot Préameneu, s'exprimait en ces termes : « Il résulte de l'incapacité du mineur non
émancipé qu'il suffit qu'il éprouve une lésion pour
que son action en rescision soit fondée. S'il n'était
pas lésé, il n'aurait pas d'intérêt à se pourvoir,
et la loi lui serait même préjudiciable si, sous
prétexte de l'incapacité, un contrat qui lui est
avantageux pouvait être annulé. Le résultat de
son incapacité est de ne pouvoir être lésé et non
de ne pouvoir contracter » (1). Le tribun Jaubert,
dans son rapport au Tribunat disait aussi : « Il

1. Fenet, t. XIII, p. 288.

est bien vrai qu'en règle générale un mineur est déclaré incapable de contracter ; mais un mineur peut être capable de discernement ; le lien de l'équité naturelle peut se trouver dans un contrat passé par le mineur. Voilà pourquoi la loi a dû distinguer. S'il s'agit d'un mineur non émancipé, la simple lésion donne lieu à la rescision en sa faveur..... ».

En résumé nous dirons que l'action en rescision pour lésion ne s'applique pas aux actes faits dûment par le tuteur au nom de son mineur, et que ceux-ci sont parfaitement valables et irrévocables (1). La jurisprudence s'est rangée à ce système (2), spécialement en décidant, antérieurement à la loi du 27 février 1880, que le tuteur, ayant le droit de disposer des capitaux mobiliers de son pupille, les aliénations mobilières par lui faites ne pouvaient en conséquence être attaquées par la voie de la rescision.

Si nous passons maintenant au cas où le tuteur

---

1. Duranton, t. X, n⁰ 299, Colmet de Senterre, t. V, n⁰ 270 *bis* 11 ; Boileux, t. VII, p. 27 ; Marcadé, t. IV, sur l'art 1305 ; Aubry et Rau, t. IV, § 335, texte et note 4, p. 253 ; Laurent, t. V, n⁰ 101 ; Larombière, *Obligations*, t. IV, sur l'art. 1305, p. 113, et s., sur l'art. 1314, n⁰ 8 ; Demolombe, n⁰ 822, et s.; Freminville, t. II, n⁰ 827 ; Trolley, *Etude sur la lésion*, p. 180.

2. V. notamment, Alger, 17 mars, 1874, S. 75, 2, 52.

a agi en dehors des limites de ses pouvoirs, sans observer les formalités qui lui étaient imposées, autrement dit aux actes nuls en la forme, ils ne sauraient non plus tomber sous le coup de l'action en rescision car nous voyons précisément que l'art. 1311 oppose les actes nuls en la forme aux actes sujets à restitution. Ces actes sont uniquement soumis aux actions en nullité dont nous nous occuperons dans la section qui suit.

On vient de voir, d'après ce qui précède, en quelles limites nous restreignons le domaine d'application des actions en rescision et en nullité. La théorie que nous avons exposée est d'ailleurs celle de la majorité des auteurs et aussi de la jurisprudence. Toutefois la théorie jurisprudentielle est, à certains égards, un peu plus flottante à raison de ce que les pouvoirs du tuteur n'ont pas été nettement déterminés par le Code et de l'idée qu'il conviendrait de protéger le mineur contre l'omnipotence du tuteur. Nous ne signalons de cette jurisprudence hésitante que deux décisions que nous avons déjà rencontrées, et visant d'ailleurs des situations particulièrement caractéristiques.

Nous avons vu que la Cour de Nancy (1), a décidé

1. Nancy, 9 mai 1885, S. 87, 2, 137.

qu'un tuteur n'avait le droit d'acquérir des
immeubles pour le compte de son pupille, en
dehors de l'autorisation du conseil de famille, qu'à
la condition que ces acquisitions constituassent
un acte de sage administration et qu'il y avait
lieu d'annuler les achats d'immeubles dont le prix
ne pouvait être payé à l'aide du patrimoine du
pupille ou d'espérances prochainement réalisa-
bles. Or, qu'est-ce que cette action en nullité ? il ne
peut s'agir de la rescision pour lésion qui doit en
effet être limitée aux actes passés par le mineur ;
en conséquence il ne peut s'agir que d'une nullité
de forme, la forme consistant dans l'autorisation
du conseil de famille qui serait nécessaire si le
patrimoine du pupille était insuffisant à acquitter
le prix. Mais alors n'est elle pas bien singulière
cette forme qui dépend du plus ou moins de solva-
bilité du mineur? et ne peut on pas voir dans cette
décision la consécration d'une espèce d'action en
nullité fondée sur la lésion bien que la Cour n'ait
pas osé le dire formellement vu le champ d'application que l'on s'accorde à donner à la rescision
pour lésion ?

De même nous avons dit qu'il a été jugé que la
mère tutrice de sa fille ne pouvait en consentant
au nom de celle-ci un engagement théâtral sou-

mettre la rupture de l'engagement à un dédit
hors de proportion avec les appointements
alloués à sa fille (1). Les motifs de cette décision
consistent en ce que la stipulation d'un pareil
dédit règle éventuellement l'aliénation de capitaux de la mineure et que, par suite, conformément à la loi du 27 février 1880, elle aurait dû
être autorisée par le conseil de famille. Mais n'est-
elle pas étrange cette forme requise uniquement
à raison de l'importance de la stipulation intervenue? la nullité prononcée n'est-elle pas sous
une forme détournée, une rescision pour lésion,
rescision constituant une protestation contre la
puissance du tuteur ? ce qui permet de le croire,
c'est que déjà, avant la loi de 1880, on avait admis
cette solution dans une hypothèse semblable (2).

Ainsi la lésion, dans tous les cas, ne peut influer
sur le sort des actes faits par le tuteur au nom de

1. Paris, 27 juin 1889, S. 89. 2. 159.
2. « Considérant, dit un arrêt de la Cour de Paris du 1er
mars 1877 (D. 78, 2, 108) que les actes auxquels a concouru
pour les autoriser le tuteur administrateur légal de la personne
et des biens du mineur ne sont irrévocables que s'ils ont été
faits dans la limite de ses attributions et que, s'ils excèdent les
pouvoirs d'administration confiés au tuteur, lesdits actes restent soumis à l'action en rescision dans la nature de la lésion
qu'ils ont causée au mineur.... ».

son pupille. Son influence ne se fait sentir que
dans les rapports du représentant et du représenté
en ce sens qu'elle met en jeu la responsabilité du
tuteur. Chaque fois en effet que celui-ci accomplit
un acte de nature à préjudicier au mineur, il
peut en être déclaré responsable pécuniairement,
mais cela est en dehors de l'idée de représentation
qui suppose l'intervention de tiers contractants et
met en question la validité des actes passés entre
ceux-ci et le représentant. L'article 450 C. civ.,
qui, après avoir posé le principe de la représentation du mineur par son tuteur ; dispose que le
« tuteur répondra des dommages-intérêts qui
pourraient résulter d'une mauvaise gestion » peut
même fournir un argument en faveur de la
théorie que les actes, dûment accomplis par le
tuteur, ne sont pas sujets à rescision. On ne com-
prendrait point en effet que la loi ait accordé au
mineur une action en dommages-intérêts contre
le tuteur si celui-ci ne pouvait pas compromettre
les intérêts du mineur par ses actes d'administration. Or, pour que certains actes d'administration du tuteur puissent compromettre les intérêts du mineur, il faut nécessairement que ces
actes lient le mineur, ce qui suppose qu'il ne peut
pas les attaquer et se faire restituer contre eux du

préjudice qu'il aurait souffert. C'est ainsi que
l'article 450-2°, qui pose le principe des dommages-
intérêts, apparaît comme le corollaire naturel de
l'article 450-1° qui édicte celui de la représentation du mineur par son tuteur.

Section II. — Action en nullité

La nullité qui peut atteindre les actes passés par
un tuteur au nom du mineur n'est, conformément
à ce que nous avons dit, qu'une nullité de forme,
provenant de l'inobservation des formalités requises par la loi, formalités auxquelles est subordonnée, dans certains cas, la représentation du pupille
par le tuteur.

L'inobservation des formes n'implique pas la
sanction d'une nullité absolue ; il ne s'agit dans
notre cas que d'une nullité relative. Il en résulte
que cette nullité ne peut être invoquée que par le
mineur ou ses ayants cause, peut être couverte
par une confirmation et doit être prononcée par le

tribunal dans le délai imparti par l'article 1304 C. civ. (1).

Néanmoins certains auteurs estiment que les contrats où les formes n'ont pas été observées sont radicalement nuls. On dit en ce sens que le tuteur n'est qu'un mandataire légal ; or le mandataire qui dépasse ses pouvoirs n'oblige pas le mandant, par conséquent le contrat doit être considéré comme passé par un tiers étranger au mineur, d'où nullité de droit commun et non nullité de l'article 1304 (2). Cette opinion n'a pas triomphé. Le tuteur qui excède ses pouvoirs ne saurait être assimilé à un mandataire étranger parce que son mandat est général ; quoi qu'il fasse on peut dire *factum tutoris, factum pupilli.* Comme nous le disions plus haut, un acte mal fait par le tuteur n'est ni plus ni moins qu'un acte mal fait par le pupille.

Ce qui achève de démontrer le bien fondé de notre opinion est la concession très dangereuse que font les partisans du système adverse en décidant que le mineur seul peut demander la nullité du contrat. La controverse s'est donc limitée à la

1. Trib. Leipzig, 13 juin 1884 ; S., 86. 4. 17.
2. Duranton, t. II, n° 598, t. X, n° 282, t. XII, n° 545.

question de prescription et de ratification. A l'égard
de la prescription la jurisprudence, influencée par
la tradition, a persisté longtemps à décider que la
prescription de dix ans établie par l'article 1304
ne s'appliquait point à l'action en nullité des ventes de biens de mineurs faites par le tuteur sans
formalités et que l'action ne devait se prescrire
que par trente ans (1). Mais cette jurisprudence a
toujours eu des contradicteurs et on peut dire
qu'elle est définitivement orientée vers le système
auquel nous avons adhéré (2).

En ce qui concerne la confirmation on s'est
demandé si cette confirmation est régie par l'arti-

1. Metz, 1er juin 1821, S. chr. ; Riom, 13 déc. 1826, S. chr. ;
Bordeaux, 10 juil. 1829, S. chr. ; Toulouse, 7 juin 1830, S.,
31. 2. 66; Grenoble, 21 mars 1833, S., 33. 2. 580; Rennes,
7 août 1833, S., 33. 2. 580; Bordeaux, 21 avril 1858, S. 58.
2. 395 ; Douai, 20 nov. 1870, S., 72. 2. 1.

2. Cass., 14 nov. 1826, S. chr. ; 25 nov. 1835, S.,36. 1. 130 ;
7 mars 1876, S., 76. 1. 291 ; Riom, 25 mars 1829, S. chr.
8 mai 1829, S. chr. ; Toulouse, 13 mai 1829, S. chr. ;
Nîmes, 14 janv. 1839, S. 39. 2. 369; Paris, 2 nov. 1840, S.,
41. 2. 134; Grenoble, 10 juin 1842, S., 43. 2. 144; Rouen,
17 janv. 1846, S., 47. 2. 351 ; Bordeaux, 8 juillet 1863, S.;
63. 2. 268 ; 27 juil. 1871, S., 72. 2. 221. Sic., Marcadé sur
l'art. 1311, n° 2 ; Aubry et Rau, t. IV; p. 275, § 339; Larombière sur l'art. 1304, n° 46; Demolombe, t. XXIX, n° 90 ;
Laurent, t. XVI, n° 36 et t. XIX, n° 20.

cle 1338, C. civ., qui renferme le droit commun
en matière de confirmation, ou si elle tombe sous
l'application de l'article 1998, C. civ., qui admet
que le mandant peut ratifier expressément ou
tacitement les actes passés par le mandataire.
On prétend dans une opinion que le mineur ne
peut confirmer un acte qui lui est étranger par le
fait qu'il n'y a pas été représenté puisque le tuteur
n'a pas employé les formalités requises et qu'en
conséquence on ne peut appliquer que l'article 1998
qui autorise la ratification. Nous croyons au contraire qu'il s'agit d'une confirmation et que l'article 1338 doit être appliqué. Nous l'avons dit, le
tuteur, même quand il excède ses pouvoirs,
représente le mineur en vertu du mandat général à lui accordé par l'article 450 C. civ. L'acte
qu'il passe sans les formes requises par la loi
n'est donc pas inexistant, mais simplement nul ;
s'il s'agit par exemple d'une vente d'immeubles, la vente ne laisse donc subsister aucune action
en revendication, mais donne seulement lieu à une
action en nullité à laquelle le mineur peut renoncer en se soumettant aux formes requises par
l'article 1338, c'est-à-dire que la confirmation doit
contenir la substance de l'obligation, la mention
du motif de l'action en nullité, et enfin l'intention

de réparer le vice qui motive cette action en
nullité.

VU :

Le Président de la thèse,

André WEISS

VU :

Le Doyen de la Faculté,

GLASSON

VU ET PERMIS D'IMPRIMER :

Le Vice-Recteur de l'Académie de Paris,

GRÉARD.

Laval. — Imprimerie parisienne L. BARNÉOUD & Cⁱᵉ.

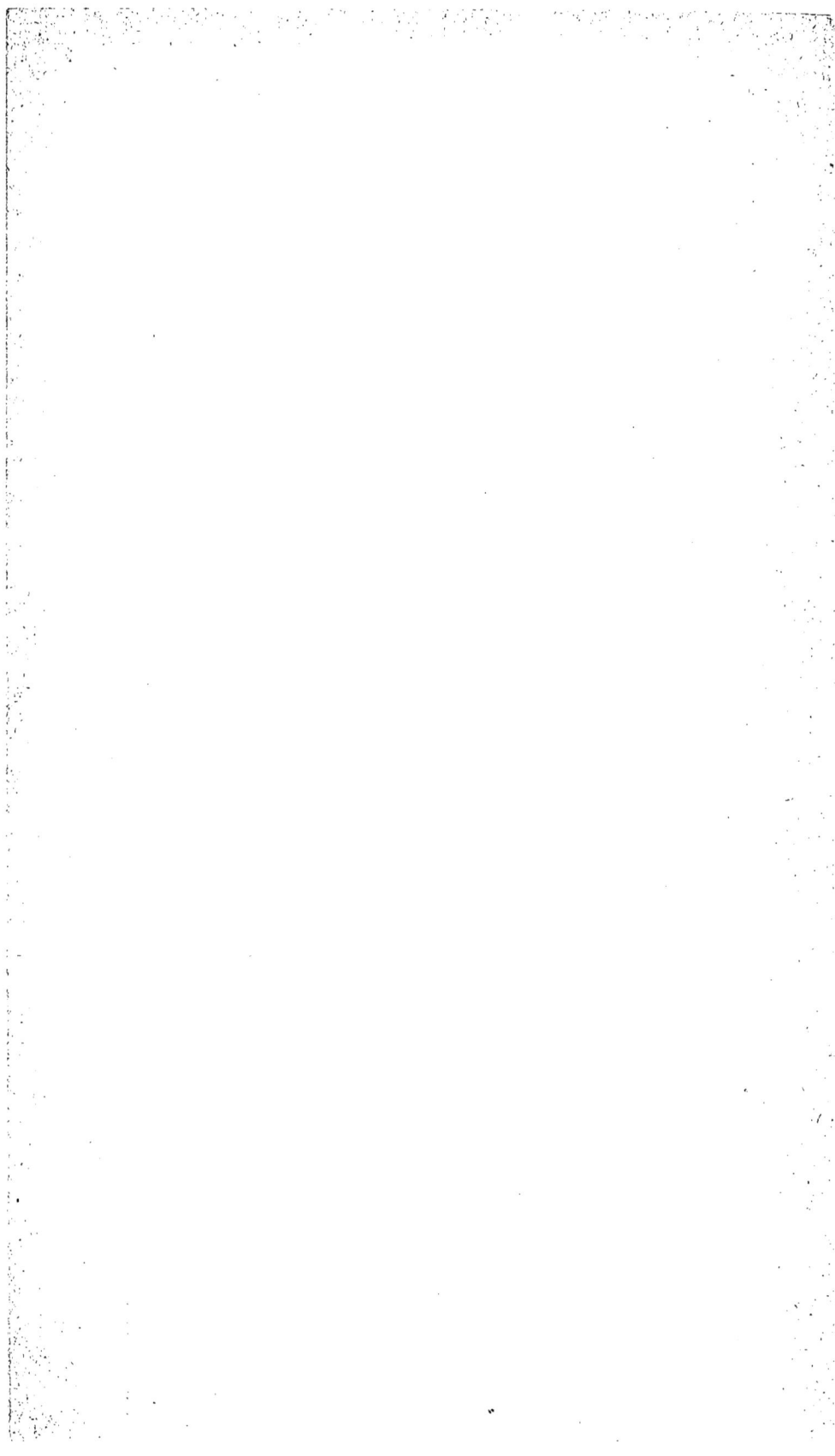

www.ingramcontent.com/pod-product-compliance
Lightning Source LLC
Chambersburg PA
CBHW050125210326

41519CB00015BA/4114